200 recepten voor cakes & koekjes

200 recepten voor cakes & koekjes

Sara Lewis

Veltman Uitgevers

*Voor Miss Morley, een inspirerende lerares
en een vriendin voor altijd*

Oorspronkelijke titel: 200 cakes and bakes

© Octopus Publishing Group Ltd 2008

Ontwerp: Martin Topping 'ome Design
Fotografie: William Shaw
Huishoudkundige: Sara Lewis

Nederlandstalige uitgave:
© 2009 Veltman Uitgevers, Utrecht
Vertaling: Marcella Rijntjes/Vitataal
Redactie en productie: Vitataal, Oostum
Omslagontwerp: Ton Wienbelt, Den Haag
Opmaak: De ZrIJ, Utrecht

ISBN: 978 90 5920 852 0

Alle rechten voorbehouden.

Voor meer informatie: www.veltman-uitgevers.nl

OPMERKINGEN

Er wordt standaard uitgegaan van afgestreken lepels
en kopjes; 1 theelepel = 5 ml, 1 eetlepel = 15 ml.

Er worden eieren van gemiddelde grootte gebruikt,
tenzij anders vermeld.

Er wordt ongezouten boter gebruikt,
tenzij anders vermeld.

Ovens dienen voorverwarmd te worden tot de juiste
temperatuur alvorens u het gebak erin zet. Alleen bij
heteluchtovens is voorverwarmen gewoonlijk niet
nodig (volg de aanwijzingen van de fabrikant).

Sommige gerechten in dit boek bevatten rauwe of
licht gekookte eieren. Deze gerechten kunnen beter
niet gegeten worden door jonge kinderen, zwangere
en zogende vrouwen, zieken en oudere mensen.

Kijk verder ook uit met gebak dat noten of
notenproducten (zoals olie) bevat: sommige
mensen reageren hier allergisch op.

inhoud

inleiding	6
kleine cakejes	14
koekjes	64
plaatkoek	106
prachtige taarten	134
overheerlijke baksels	180
gebakjes	206
taartjes zonder oven	222
register	236
dankbetuiging	240

inleiding

inleiding

Het bereiden van uw eigen cakes en koekjes is een dankbare, ontspannende bezigheid. Na een hectische week kan het bereiden van gebak zijn ontspannend. De overheerlijke geur van uw verse baksels zal een enorme aantrekkingskracht uitoefenen op uw gezinsleden, die amper zullen kunnen wachten tot het gebak de kans heeft gekregen af te koelen…

Er gaat niets boven zelfgemaakte koekjes en cakejes; daar kan geen gekocht product tegenop, hoe duur ook. Daarnaast is het een persoonlijke manier om gezin en vrienden eens lekker te verwennen. Veel van de prachtige taarten (zie blz. 134-179) bijvoorbeeld kunnen eenvoudig worden aangepast voor een verjaardag door er bijvoorbeeld kaarsjes op te zetten en er eventueel met chocolade een boodschap op te schrijven. En neem in plaats van een bloemetje eens een zak vol kleine vers gebakken cakejes (blz. 14-63) of koekjes (64-107) mee als u vrienden bezoekt. Als u niet zoveel

tijd heeft, probeer dan eens de recepten voor plaatkoek (zie blz. 106-133). Deze zijn eenvoudig en snel te bereiden en zijn uitermate geschikt voor een picknick of voor in de lunchtrommel. Veel van het gebak in dit boek kan ook opgediend worden als dessert.

Het zelf maken van cakes en koekjes is een uitstekende manier om kinderen te stimuleren te gaan koken. Het is lang niet zo lastig als veel mensen denken. U heeft alleen een goede keukenweegschaal en een aantal bakvormen nodig. Als u de recepten nauwkeurig opvolgt, is het bakken letterlijk kinderspel. Waarschijnlijk heeft u al veel van de gebruikte ingrediënten in uw keukenkastje staan; anders vindt u op de bakafdeling van uw supermarkt de meeste benodigdheden. Een groot voordeel tot slot is dat u en uw gezin door de lekkernijen zelf te maken minder conserveermiddelen en smaak- en kleurstoffen binnenkrijgen.

bakbenodigdheden

De recepten in dit boek zijn allemaal eenvoudig te bereiden. Waarschijnlijk heeft u veel van de basisbenodigdheden al in huis. Eventuele bakbenodigdheden die u mist, kunt u in de supermarkt of bij een warenhuis kopen.

keukenweegschaal

Een goede keukenweegschaal is onontbeerlijk voor het bereiden van gebak. Te veel vet en het gebak zal inzakken; te veel meel en het wordt te droog. Digitale weegschalen zijn het makkelijkst en duidelijkst, aangezien ze het gewicht zeer nauwkeurig weergeven.

In tegenstelling tot de traditionele weegschalen kunt u de mengkom op de weegschaal zetten, de knop op nul zetten en dan de gekozen ingrediënten toevoegen en afwegen. Zet het gewicht weer op nul en dan kunt u andere ingrediënten wegen in dezelfde kom – dit is ideaal voor het afwegen van meel, boter en suiker.

Digitale weegschalen zijn meestal ook wat compacter dan de traditionele weegschalen. Het enige nadeel is dat de batterij leeg kan raken. Houd daarom altijd een reservebatterij achter de hand.

Als u liever een veerbalansweegschaal gebruikt, let er dan op dat deze ook de kleinere hoeveelheden goed weegt en leesbaar weergeeft. Bij sommige weegschalen zijn de hoeveelheden in een veelvoud van 50 g uitgedrukt.

Gebruik een ongeopend pakje boter om te controleren of uw weegschaal nauwkeurig is. De aangegeven hoeveelheid moet overeenkomen met de hoeveelheid op het pakje. Indien dit niet het geval is, pas de weegschaal dan aan tot de hoeveelheid wel klopt.

maatlepels

Een setje maatlepels – van ¼ theelepel tot 1 theelepel, te koop bij warenhuizen en kookwinkels – is onmisbaar voor het afmeten van ingrediënten zoals specerijen, bakpoeder, citroensap, vanille-essence en olie. Bij het gebruik van droge ingrediënten moet de lepel worden afgestreken, tenzij anders vermeld in het recept.

maatbeker

Een glazen maatbeker is over het algemeen eenvoudiger afleesbaar en gaat wat langer mee dan een plastic maatbeker – ervan uitgaande dat u hem niet op de grond laat vallen! Zet de maatbeker op een vlak oppervlak. Houd de maatbeker bij voorkeur iets schuin om de hoeveelheid af te lezen in plaats van hem op ooghoogte te houden.

mengkom

De mengkom kan van glas, roestvrij staal, porselein of plastic zijn. U heeft minstens drie mengkommen nodig in verschillende maten; het is makkelijk als ze in elkaar passen voor u ze opbergt. Als u het leuk vindt om grote vruchtenof verjaardagstaarten te bereiden, kan een extra grote mengkom ook goed van pas komen.

taartrooster

Wanneer taartbodems en koekjes gebakken zijn, moet u ze op een taartrooster leggen zodat de stoom kan ontsnappen en de taartbodem droog blijft. Kies er eentje met weinig tussenruimte tussen de draden of gebruik een grillrooster.

uitsteekvormen

Een goede set gladde en gekartelde uitsteekvormen gaat een leven lang mee en kan niet alleen gebruikt worden voor koekjes, maar ook voor kleine taartjes, pasteitjes en scones.

spuitzak en spuitmond

Deze zijn niet onontbeerlijk, maar wel handig voor het spuiten van schuim, soezen en koekjes. Het is handig om een grote, geribbelde spuitmond van 1 cm te hebben en een normale, gladde spuitmond. Nylon spuitzakken zijn vaak wat flexibeler en eenvoudiger te hanteren dan de dikke plastic varianten.

keukenmachine versus elektrische mixer

Beide zijn buitengewoon handig voor het bereiden van beslag, deeg en bijvoorbeeld ook glazuur. Met een keukenmachine heeft u iets minder troep in de keuken omdat deze afgesloten kan worden. De onvermijdelijke nevel die van poedersuiker of bloem af komt, wordt ook opgevangen in een keukenmachine. Wanneer u fruit gaat mengen, vergeet dan niet om het metalen mes te vervangen door het plastic mes. En meng het fruit zo kort mogelijk, zodat het fruit eerder gemengd is dan gehakt.

Zowel een handmixer als een losstaande elektrische mixer is ideaal om mee te kloppen, hoewel de laatste niet geschikt is voor het kloppen van ingrediënten in een kom boven een pan zacht kokend water.

overige handige benodigdheden

- **Invetkwastje** – voor het invetten van bakvormen en het bestrijken met glazuur.
- **Buigzame plastic spatel** – handig voor het spatelen door meel of door geklopt eiwit en om beslag in een bakvorm te scheppen.
- **Glaceermes** – een smal, afgerond mes voor glazuur en als 'taartmes': 10 cm is ideaal voor het lossnijden van gebak als het nog in de vorm zit; 25 cm voor het verplaatsen van een taart van een rooster naar een bord.
- **Deegroller** – u heeft er waarschijnlijk al een, maar mocht u er nog eentje moeten aanschaffen, koop er dan eentje zonder handvatten (een rolstok).
- **Ballongarde** – voor het kloppen van glazuur en slagroom.
- **Houten lepel** – voor het mengen van room en gesmolten ingrediënten. Kies er eentje met een korter handvat, dat vergemakkelijkt het mengen.
- **Satéprikkers of metalen pen** – om te controleren of het midden van het gebak gaar is.

invetten van bakblikken

Bestrijk het bakblik met wat zonnebloemolie of andere plantaardige olie met een invetkwastje, of smeer wat boter aan de binnenkant van de vorm. Zelfs bakblikken met een antiaanbaklaag moeten licht ingevet worden, tenzij ze volledig worden bekleed met bakpapier.

vetvrij papier versus antikleefpapier

Antikleef-bakpapier heeft een speciaal laagje waardoor het niet nodig is olie of boter te gebruiken voordat u er bakvormen en -platen mee bekleedt. Vetvrij papier moet altijd nog ingevet worden nadat het op maat geknipt is en in een ingevette vorm is gelegd. Het is het meest praktisch om vetvrij papier te bestrijken met wat olie. Antikleefpapier heeft de voorkeur bij het bekleden van bakplaten voor schuimgebak, bakblikken of diepe ronde of vierkante vormen waarbij de bodem en zijkanten bekleed moeten worden.

een vorm bekleden

Diepe, ronde taartvorm Leg de vorm op het bakpapier en teken de omtrek. Knip de cirkel uit. Knip een reep papier uit die breder en langer is dan de zijkanten van de vorm, zodat het papier wat uitsteekt. Vouw een reep papier over de bodem en maak er verschillende knipjes in. Leg het papier in de niet-ingevette vorm met de ingeknipte kant op de bodem van de vorm. Leg de uitgeknipte cirkel erop.

Diepe, vierkante taartvorm Maak hiervoor alleen knipjes waar het papier in een hoek van de vorm moet komen.

Taartvorm Trek een cirkel om de vorm op vetvrij papier en knip hem uit. Leg het cirkelvormige papier op de bodem van de ingevette vorm. Vet het bakpapier in.

Bakblik of ondiepe, rechthoekige bakplaat Knip een rechthoek groter dan de bovenkant van de plaat uit het bakpapier. Maak diagonale knipjes in de hoeken. Druk het papier op de bodem van het niet-ingevette bakblik zodat de bodem en zijkanten van de bakplaat zijn bekleed. Bij een rechthoekige bakplaat steekt het papier aan de zijkant iets uit.

Cakevorm Leg een strook vetvrij papier met dezelfde lengte als de langste zijde en breed genoeg om de bodem te bedekken en voor de twee lange kanten, in een ingevette vorm. Vet daarna het papier in. De korte kanten van de cakevorm hoeven niet bekleed te worden met bakpapier.

kennis van bakken

Baktijden vormen slechts een indicatie, dus controleer gedurende de baktijd altijd hoe het met het gebak gaat. Kijk het liefst door de deur van de oven. Open sowieso nooit de deur van de oven totdat de eerste helft van de baktijd verstreken is en het gebak gerezen is; dan bestaat er minder gevaar dat het gebak zal inzakken. Mocht het sneller bruin worden aan de voor- of zijkanten, draai het dan om.

Taartbodems moeten een egale kleur hebben na het bakken, en cakes dienen veerkrachtig aan te voelen als u erop drukt. Een kleine satéprikker die in het midden van een middelgrote of grote cake gestoken wordt, moet er schoon en droog weer uit komen.

Zorg ervoor dat u de juiste maat vorm gebruikt. Vormen moet u meten op de bodem, vooral als u een braadslee gebruikt, aangezien de zijkanten hiervan iets aflopen en ze een rand hebben aan de bovenzijde.

oplossingen

Als uw gebak niet geworden is zoals u had verwacht, kijk dan hieronder.

Gebak is vanboven gescheurd
- Het gebak is gebakken op een te hoge temperatuur of te hoog in de oven.
- Er is een volle lepel in plaats van een afgestreken lepel rijsmiddel gebruikt.
- Er is een te kleine bakvorm gebruikt, zodat de cake heel hoog is gerezen.

Fruit zinkt
- Er is een te grote hoeveelheid fruit gebruikt in het beslag.
- Het fruit was nog vochtig, of gekonfijte kersen, indien gebruikt, waren erg plakkerig door de suiker.

Cake zakt in
- De ovendeur is geopend voordat de cake gerezen is.
- De cake is uit de oven gehaald voordat hij helemaal gaar was.
- U heeft te veel rijsmiddel gebruikt, zodat de cake heel snel gerezen is maar toen weer instortte voordat het beslag gaar was.

Gebak rijst niet goed
- Het beslag was niet luchtig – misschien is het meel erdoor geklopt in plaats van er voorzichtig doorheen gespateld.
- De oventemperatuur was te laag.
- U bent vergeten om een rijsmiddel, zoals bakpoeder, toe te voegen.

- Er is gewone bloem gebruikt in plaats van zelfrijzend bakmeel.
- Gebak is gebakken in een te grote vorm.

Gebak is droog
- U heeft niet genoeg vet toegevoegd.
- Het gebak is te lang gebakken.
- Het gebak is niet goed bewaard na het bakken.

gebak bewaren

Cakes of koekjes kunt u het beste op een koele plaats bewaren in een luchtdicht afgesloten bewaardoos of trommel. Bewaar cakes en taartbodems met room, roomkaas of glazuur altijd in de koelkast. De meeste cakes kunnen ook ingevroren worden. Vries gebak bij voorkeur in zonder vulling of glazuur. Vries breekbaar gebak in tot het hard is, wikkel het daarna in huishoud- of aluminiumfolie of leg het in een plastic doos. Stevige cakes kunt u in folie gewikkeld invriezen. Grote cakes kunt u, voordat u ze invriest, in plakken snijden. Leg antikleefpapier tussen de plakken, zodat ze niet aan elkaar vastvriezen en u ze eenvoudig per plakje uit de vriezer kunt halen.

Consumeer ingevroren gebak binnen 3 maanden. Ontdooi het 2-4 uur op kamertemperatuur, afhankelijk van de grootte. Scones en koekjes kunt u het beste 5-10 minuten in een voorverwarmde oven van 180 °C leggen om ze weer knapperig te maken.

vergeet niet...

- **Om een invetkwastje te gebruiken** voor het invetten van bakvormen en het bestrijken van gebak met glazuur.
- **Om de oven voor te verwarmen** – verlaag de temperatuur met 10-20 °C bij gebruik van een heteluchtoven.
- **Om de bakplaat in het midden van de oven te plaatsen** – tenzij u meer dan één bakplaat tegelijk wilt bakken.
- **Om de bakvormen in te vetten** voordat u begint.
- **Om afgestreken lepels te gebruiken.**
- **Om een kookwekker te gebruiken** zodat u weet wanneer u naar het gebak moet gaan kijken.

kleine cakejes

pistache-chocolademeringues

Voor **16 stuks**
Voorbereiding **30 minuten**
Bereiding **45-60 minuten**

3 **eiwitten**
175 g **fijne kristalsuiker**
50 g **gepelde pistachenoten**, fijngehakt
150 g **pure chocolade**, in stukjes
1,5 dl **slagroom**

Klop de eiwitten stijf in een grote, schone kom. Roer geleidelijk de suiker erdoor — 1 theelepel per keer — tot alle suiker is toegevoegd. Klop nog een paar minuten tot het meringuemengsel stevig en glanzend is.

Spatel de pistachenoten door het mengsel. Schep een flinke theelepel van het mengsel in gedraaide bergjes op twee grote bakplaten bekleed met antikleefpapier.

Bak de meringues 45-60 minuten in een op 110 °C voorverwarmde oven, tot ze stevig zijn en makkelijk van het papier te halen zijn. Laat de meringues op het bakpapier afkoelen.

Smelt de chocolade in een hittebestendige kom op een pan zacht kokend water. Haal de meringues van het papier. Doop de onderkant in de chocolade. Leg de meringues op hun zijkant weer op het bakpapier. Zet ze op een koele plaats tot de chocolade hard is.

Klop voor het opdienen de slagroom net stijf. Gebruik de slagroom om de meringues aan elkaar te plakken. Leg de meringues in papieren cakevormpjes of op een serveerbord. Eet de meringues op de dag dat ze gevuld zijn. (Zonder slagroom zijn de meringues 2-3 dagen houdbaar.)

Voor saffraan-chocolademeringues: voeg een plukje saffraandraadjes toe aan het eiwit bij de eerste keer kloppen. Laat de pistachenoten achterwege. Doop de meringues in de gesmolten chocolade. Vul ze met de geklopte room en serveer ze zoals hierboven beschreven.

paascakejes

Voor **12 stuks**
Voorbereiding **20 minuten**, plus uitharden
Bereiding **15-18 minuten**

125 g **bloem**
125 g **fijne kristalsuiker**
125 g **margarine**, zacht
1½ theelepel **bakpoeder**
1½ theelepel **vanille-essence**
2 **eieren**

Voor het glazuurlaagje
125 g gezeefde **poedersuiker**
½ theelepel **vanille-essence**
4 theelepels **water**
een paar druppels **groene, gele en roze voedselkleurstof**
gekleurde snoepjes, als garnering

Doe alle ingrediënten voor het cakebeslag in een mengkom of in de keukenmachine. Klop alles tot een glad mengsel. Schep het beslag in cakevormpjes van folie in een muffinplaat met 12 holten. Bak de cakejes 15-18 minuten in een op 180 °C voorverwarmde oven, tot ze goed gerezen zijn en veerkrachtig aanvoelen als u erop drukt. Laat ze afkoelen in de muffinplaat.

Bereid het glazuurlaagje. Meng de poedersuiker, vanille-essence en voldoende water tot een zacht glazuur. Verdeel het glazuur over drie schaaltjes en geef elk schaaltje glazuur een andere kleur met de voedselkleurstof. Haal de cakejes uit de vorm. Bestrijk ze met het glazuur en versier ze met de snoepjes. Laat ze 30 minuten staan, tot het glazuur hard is.

Voor elegante prinsessencakejes: bereid de cakejes zoals hierboven beschreven maar gebruik alleen de roze voedselkleurstof. Versier de bovenkant met dunne plakjes pastelkleurige, gesuikerde amandelen in plaats van snoepjes.

cakejes met citrussiroop

Voor **12 stuks**
Voorbereiding **20 minuten**
Bereiding **12-15 minuten**

250 g **zelfrijzend bakmeel**
200 g **fijne kristalsuiker**
geraspte schil en het sap van
  1 **citroen**
geraspte schil en het sap van
  1 **sinaasappel**
3 **eieren**
2 eetlepels **melk**
100 g **boter**, gesmolten

Doe het meel in een mengkom. Voeg de helft van de suiker en de helft van de citroen- en sinaasappelrasp toe. Klop de eieren en melk voorzichtig door elkaar. Voeg dit mengsel en de gesmolten boter toe aan het meel. Klop het geheel kort tot een glad beslag.

Schep het beslag in de holten van een ingevette muffinplaat met 12 holten. Bak de cakejes 12-15 minuten in een op 190 °C voorverwarmde oven, tot ze goed gerezen zijn en de bovenkant iets gebarsten is en stevig aanvoelt.

Bereid de citroen- en sinaasappelsiroop. Doe hiervoor de resterende suiker en geraspte citroenschil in een schaal. Giet de vruchtensappen erbij. Roer goed tot de suiker net is opgelost.

Maak zodra de cakejes uit de oven komen de zijkanten los. Draai de cakejes om. Leg ze in een ondiepe schaal. Prik de bovenkant in met een satéprikker of vork. Besprenkel ze voorzichtig met de siroop, beetje bij beetje, tot de siroop door de cake wordt opgenomen. Laat de cakejes afkoelen. Ze smaken het best op de dag van bereiding.

Voor citroensiroopcakejes: maak het beslag met 2 citroenen. Bak de cakejes zoals hierboven beschreven. Giet er alleen wat citroensiroop over. Serveer de cakejes warm met vanille-ijs als overheerlijk dessert.

scones met sinaasappel en rozijnen

Voor **10 stuks**
Voorbereiding **20 minuten**
Bereiding **10 minuten**

375 g **zelfrijzend bakmeel**
50 g **boter**, in blokjes
50 g **fijne kristalsuiker**, plus extra voor het bestrooien
75 g **sultanarozijnen**
geraspte schil van
1 **sinaasappel**
1 **ei**, geklopt
1,5-2 dl **halfvolle melk**

Voor erbij
5 eetlepels **abrikozenjam**
225 g **clotted cream** (kaasspeciaalzaak)

Doe het meel in een mengkom of in de keukenmachine. Voeg de boter toe. Werk deze met uw vingertoppen door het meel, of meng het geheel in de keukenmachine, tot het deeg op broodkruimels lijkt. Roer de suiker, rozijnen en sinaasappelrasp erdoor.

Voeg het losgeklopte ei toe, op 1 eetlepel na. Meng vervolgens geleidelijk de melk erdoor tot het deeg zacht, maar niet plakkerig is.

Kneed het deeg kort en rol het op een met bloem bestoven werkvlak uit tot een dikte van 1,5 cm. Steek er cirkeltjes van Ø5,5 cm uit met een uitsteekvorm. (Laat u niet verleiden om het deeg dunner te maken voor meer scones.) Leg de scones op een licht ingevette bakplaat. Kneed de afsnijdsels opnieuw. Blijf rollen en cirkels maken tot u 10 scones heeft.

Bestrijk de bovenkant van de scones met het resterende ei. Bestrooi ze licht met de extra suiker. Bak de scones 10-12 minuten in een op 200 °C voorverwarmde oven, tot ze goed gerezen zijn en de bovenkant goudbruin kleurt. Laat ze afkoelen op een bakplaat.

Serveer de scones warm of iets afgekoeld. Snijd ze doormidden. Vul ze met de jam en de clotted cream. Ze smaken het best op de dag van bereiding.

Voor kaneelscones: bereid de scones zoals hierboven beschreven maar laat de sinaasappelrasp en rozijnen achterwege. Gebruik in plaats daarvan ½ theelepel kaneel. Bestrooi de bovenkant van de scones voor het bakken met 2 eetlepels kristalsuiker gemengd met ½ theelepel kaneel.

ahorn-pecanmuffins

Voor **8 stuks**
Voorbereiding **10 minuten**
Bereiding **20-25 minuten**

- 300 g **zelfrijzend bakmeel**
- 1 theelepel **bakpoeder**
- 125 g **donkerbruine basterdsuiker**
- 1 **ei**
- 50 ml **ahornsiroop**
- 2,5 dl **melk**
- 50 g **boter**, gesmolten
- 125 g **witte chocolade**, fijngehakt
- 75 g **pecannoten**, grof gehakt

Voor de garnering
gehakte **pecannoten**
gehakte **witte chocolade**

Zeef het meel en bakpoeder boven een mengkom. Roer de suiker erdoor. Meng in een andere kom het ei, de ahornsiroop, melk en gesmolten boter en roer dit mengsel door de droge ingrediënten. Spatel de chocolade en pecannoten erdoor.

Verdeel het beslag gelijkmatig over 8 papieren cakevormpjes in een muffinplaat met 12 holten. Leg de gehakte noten en chocolade voor de garnering erop. Bak de muffins 20-25 minuten in een op 200 °C voorverwarmde oven, tot ze gerezen zijn en goudbruin kleuren. Laat ze op een taartrooster afkoelen.

Voor melkchocolade-walnootmuffins: bereid de muffins zoals hierboven beschreven maar vervang de witte chocolade door 125 g fijngehakte melkchocolade en de pecannoten door 75 g grof gehakte walnoten.

fruitpannenkoekjes

Voor **30 stuks**
Voorbereiding **25 minuten**
Bereiding **18 minuten**

250 g **zelfrijzend bakmeel**
125 g **boter**, in blokjes
100 g **fijne kristalsuiker**, plus extra voor het bestrooien
50 g **krenten**
50 g **sultanarozijnen**
1 theelepel **koekkruiden**
geraspte schil van ½ **citroen**
1 **ei**, geklopt
1 eetlepel **melk**, indien nodig
olie, voor het invetten

Doe het meel in een mengkom of in de keukenmachine. Voeg de boter toe. Werk deze met uw vingertoppen door het meel, of meng het geheel in de keukenmachine, tot het deeg op broodkruimels lijkt. Roer de suiker, krenten, rozijnen, koekkruiden en citroenrasp erdoor.

Voeg het ei toe. Roer, indien nodig, de melk er geleidelijk door tot er een soepel deeg ontstaat. Kneed het licht. Rol het op een met bloem bestoven werkvlak uit tot een dikte van ca. 5 mm. Snijd met een uitsteekvorm cirkeltjes van Ø5 cm uit het deeg. Kneed de afsnijdsels opnieuw. Blijf rollen en cirkeltjes uitsnijden tot al het deeg gebruikt is.

Giet wat olie op een stukje opvouwen keukenpapier. Gebruik dit om een zware koekenpan met antiaanbaklaag in te vetten. Verwarm de pan en leg de cirkels er in porties in. Vet de pan tussentijds opnieuw in, mocht dit nodig zijn. Bak de pannenkoekjes ca. 3 minuten aan elke kant op laag tot middelhoog vuur, tot ze goudbruin en gaar zijn. Serveer de pannenkoekjes warm. Bestrooi ze met wat suiker of bestrijk met wat boter. De pannenkoekjes zijn in een luchtdicht afgesloten bewaardoos maximaal 2 dagen houdbaar.

Voor fruitpannenkoekjes met sinaasappel & kaneel: gebruik de geraspte schil van ½ sinaasappel in plaats van een citroen en 1 theelepel kaneel in plaats van de koekkruiden.

warme bolletjes

Voor **12 stuks**
Voorbereiding **1 uur, plus rusten en rijzen**
Bereiding **20 minuten**

2 eetlepels **gedroogde gist**
1 theelepel **suiker**
1,5 dl **melk**, warm
4 eetlepels warm **water**
500 g **meel van harde tarwe**
1 theelepel **zout**
½ theelepel **koekkruiden**
½ theelepel **kaneel**
½ theelepel **nootmuskaat**
50 g **fijne kristalsuiker**
50 g **boter**, gesmolten en afgekoeld
1 **ei**, geklopt
125 g **krenten**
40 g gehakte **gekonfijte citrusschilletjes of sukade**
75 g **kant-en-klaar kruimeldeeg**

Voor het glazuur
3 eetlepels **fijne kristalsuiker**
4 eetlepels **melk en water**

Meng de gist en suiker door de warme melk en het water. Roer er 125 g van het meel door. Laat het mengsel ca. 20 minuten op een warme plek rusten. Zeef het resterende meel boven een kom. Voeg het zout, de koekkruiden en de kristalsuiker toe.

Roer de boter en het ei grondig door het gistmengsel. Voeg de krenten en schilletjes toe. Kneed alles tot een soepel deeg. Voeg indien nodig wat water toe.

Leg het deeg op een met bloem bestoven werkvlak en kneed het goed. Stop het deeg in een ingevette plastic zak. Laat het 1-1½ uur op kamertemperatuur rijzen tot het deeg verdubbeld is in omvang. Leg het deeg op een met bloem bestoven werkvlak. Kneed het met uw knokkels om luchtbelletjes te verwijderen.

Verdeel het deeg en maak er 12 bolletjes van. Maak ze een beetje plat. Leg ze met voldoende tussenruimte op met bloem bestoven bakplaten. Dek de bolletjes af en zet ze op een warme plek waar ze nog eens 20-30 minuten kunnen rijzen tot ze verdubbeld zijn in omvang. Rol ondertussen het kant-en-klare deeg uit tot een dunne lap. Snijd er 24 dunne reepjes uit van ca. 8 cm lang.

Bevochtig de deegreepjes en leg er 2 met de vochtige kant naar onder in kruisvorm op de bolletjes. Bak de bolletjes 20 minuten in een op 190 °C voorverwarmde oven, tot ze goudbruin en stevig zijn.

Los voor het glazuur op laag vuur de suiker op in het melk-watermengsel. Bestrijk de gebakken bolletjes er tweemaal mee. Serveer de warme bolletjes gesneden en beboterd.

churros

Voor **12 stuks**
Voorbereiding **20 minuten**
Bereiding **6-9 minuten**

200 g **bloem**
¼ theelepel **zout**
5 eetlepels **fijne kristalsuiker**
2,75 dl **water**
1 **ei**, geklopt
1 **eidooier**
1 theelepel **vanille-essence**
1 l **zonnebloemolie**
1 theelepel **kaneel**

Meng de bloem, het zout en 1 eetlepel van de suiker in een kom. Breng het water in een pan aan de kook. Haal de pan van het vuur. Voeg het bloemmengsel toe en klop goed. Zet de pan weer op het vuur en roer tot het deeg een soepele bal vormt die makkelijk van de pan loslaat. Haal de pan van het vuur en laat het deeg 10 minuten afkoelen.

Roer geleidelijk het ei, de dooier en vanille door het bloemmengsel tot het een glad geheel vormt. Schep het mengsel in een grote nylon spuitzak met een spuitmond van 1 cm breed.

Giet ca. 2,5 cm olie in een middelgrote (braad)pan. Verwarm de olie tot 170 °C (gebruik een suikerthermometer) of spuit een kleine hoeveelheid deeg in de olie; als de olie meteen borrelt, is hij klaar voor gebruik. Knijp spiralen, S-vormen en kronkelige lijnen in de olie, in kleine porties. Knip het uiteinde af met een keukenschaar. Bak de churros 2-3 minuten, tot ze boven komen drijven en goudbruin zijn. Keer ze om als ze niet gelijkmatig bruin zijn.

Haal de churros uit de olie. Laat ze goed uitlekken op keukenpapier. Bestrooi ze met de resterende suiker gemengd met de kaneel. Blijf vormen spuiten en bakken tot al het deeg op is. Serveer de churros warm of koud. Ze smaken het best op de dag van bereiding.

Voor sinaasappelchurros: voeg de geraspte schil van 1 sinaasappel toe. Laat de vanille-essence achterwege. Bestrooi de warme churros met fijne kristalsuiker.

met sneeuw bedekte gembermuffins

Voor **12 stuks**
Voorbereiding **30 minuten, plus uitharden**
Bereiding **10-15 minuten**

125 g **boter**
1,25 dl **ahornsiroop**
125 g **lichtbruine basterdsuiker**
225 g **zelfrijzend bakmeel**
1 theelepel **bakpoeder**
1 theelepel **gemberpoeder**
2 **eieren**
1,25 dl **melk**
3 eetlepels ingelegde **stemgember** (pot), gehakt, plus extra voor de garnering

Voor het glazuur
200 g **poedersuiker**
5-6 theelepels **water**
2 stukjes ingelegde **stemgember**, in plakjes

Doe de boter, siroop en suiker in een pan. Verwarm de inhoud voorzichtig. Roer tot de boter is gesmolten. Meng het meel, bakpoeder en gemberpoeder in een kom. Klop de eieren en de melk in een andere kom door elkaar.

Haal de pan met boter van het vuur. Roer de boter door het meelmengsel. Roer geleidelijk het eiermengsel erdoor. Roer de gehakte stemgember erdoor.

Verdeel het mengsel gelijkmatig over papieren cakevormpjes in een muffinplaat met 12 holten. Bak de muffins 10-15 minuten in een op 180 °C voorverwarmde oven, tot ze gerezen en licht gescheurd zijn. Laat ze afkoelen in de plaat.

Bereid het glazuur. Zeef de poedersuiker boven een kom. Meng geleidelijk het water erdoor tot er een glad glazuur ontstaat. Versier de muffins met wat streepjes glazuur. Maak het geheel af met schijfjes gember. Laat het glazuur 30 minuten uitharden. Serveer de muffins.

Voor kaneel-sinaasappelmuffins: vervang 1 theelepel gemberpoeder door 1 theelepel kaneel en vervang de stemgember door de geraspte schil van een ½ sinaasappel. Vervang bij het glazuur het water door 4-5 theelepels sinaasappelsap. Versier de muffins met wat extra sinaasappelrasp.

weense kransjes

Voor **8 stuks**
Voorbereiding **20 minuten**
Bereiding **15 minuten**

100 g **boter**, op kamertemperatuur
50 g **poedersuiker**
2 **eidooiers**
½ theelepel **vanille-essence**
125 g **zelfrijzend bakmeel**
25 g **maismeel**
10 **diepvriesframbozen**
1 eetlepel **aardbeien- of pitloze frambozenjam**
gezeefde **poedersuiker**, voor het bestrooien

Klop de boter en suiker in een mengkom tot een lichte, romige massa. Klop geleidelijk de eidooiers en vanille-essence erdoor. Roer het bak- en maismeel erdoor tot het deeg glad is.

Schep het mengsel in een grote nylon spuitzak met een grote stervormige spuitmond. Spuit dubbeldikke cirkels (2 lagen op elkaar) van het mengsel in 8 papieren cakevormpjes in een muffinplaat met 12 holten. Druk een bevroren framboos in het midden van elk koekje.

Bak de koekjes ca. 15 minuten in een op 180 °C voorverwarmde oven, tot ze licht goudbruin zijn. Laat ze afkoelen in de plaat. Schep dan een kleine hoeveelheid jam in het midden van elk koekje. Bestrooi ze licht met de gezeefde poedersuiker. Leg ze op een bord. Eet de koekjes bij voorkeur op de dag van bereiding.

Voor regenboogkransjes: spuit S-vormpjes van het mengsel op ingevette bakplaten. Bak ze 6-8 minuten, tot ze licht goudbruin kleuren. Versier de koekjes na het bakken met verschillende kleuren decoratiesuiker of -hagel.

blauwe bes-citroenmuffins

Voor **12 stuks**
Voorbereiding **15 minuten**
Bereiding **18-20 minuten**

175 g **moutmeel** of **volkorenmeel**
125 g **bloem**
3 theelepels **bakpoeder**
125 g **lichtbruine basterdsuiker**
200 g **blauwe bessen**
geraspte schil en het sap van 1 **citroen**
4 eetlepels **olijf- of zonnebloemolie**
50 g **margarine of boter**, gesmolten
3 **eieren**, geklopt
1,5 dl **halfvolle melk**

Voor het citroenglazuur
125 g **poedersuiker**
het sap van ½ **citroen**

Meng het meel, de bloem, het bakpoeder, de suiker en blauwe bessen in een mengkom. Doe de resterende ingrediënten in een kan en roer door elkaar. Voeg de droge ingrediënten toe en meng het geheel kort met een vork.

Verdeel het beslag gelijkmatig over papieren cakevormpjes in een muffinplaat met 12 holten. Bak de muffins 18-20 minuten in een op 190 °C voorverwarmde oven, tot ze goed gerezen zijn en de bovenkant iets gescheurd is. Laat ze in de plaat 15 minuten afkoelen.

Bereid het glazuur. Zeef de poedersuiker boven een kom. Meng geleidelijk zo veel citroensap erdoor dat er een dikvloeibaar glazuur ontstaat. Haal de muffins uit de vorm. Giet met een lepel zigzaglijntjes over de muffins. Laat het glazuur iets hard worden. Serveer de muffins warm.

Voor gemengdebessenmuffins: vervang de blauwe bessen door dezelfde hoeveelheid gemengde besvruchten, zoals frambozen, bramen en zwarte bessen. Bereid het glazuur zoals hierboven beschreven.

mini-cappuccinocakejes

Voor **12 stuks**
Voorbereiding **30 minuten**
Bereiding **12-14 minuten**

3 eetlepels **oploskoffie**
2 theelepels **kokend water**
175 g **margarine**, zacht
175 g **lichtbruine basterdsuiker**
175 g **zelfrijzend bakmeel**
½ theelepel **bakpoeder**
3 **eieren**

Voor de garnering
3 dl **slagroom**
75 g **pure- of witte- chocoladeschaafsel**

Los de koffie op in het kokende water.

Klop de overige ingrediënten in een mengkom of in de keukenmachine tot een glad beslag. Roer de opgeloste koffie erdoor. Verdeel het beslag gelijkmatig over ingevette papieren cakevormpjes in een muffinplaat met 12 holten. Strijk de bovenkant van de cakejes glad.

Bak de cakejes 12-14 minuten in een op 180 °C voorverwarmde oven, tot ze goed gerezen zijn en veerkrachtig aanvoelen als u erop drukt. Laat de cakejes 5 minuten in de plaat afkoelen. Maak de zijkanten los. Stort de cakejes op een taartrooster. Verwijder het papieren vormpje en laat de cakejes volledig afkoelen.

Draai elk cakeje met de goede kant naar boven. Snijd ze overdwars doormidden. Klop de slagroom net stijf. Gebruik de room om beide delen van de cakejes aan elkaar te plakken. Gebruik de resterende slagroom voor de bovenkant van de cakejes. Strooi er wat chocoladeschaafsel over. Deze cakejes smaken het best op de dag van bereiding.

Voor sandwichcakejes met jam: voeg in plaats van de oploskoffie 1 theelepel vanille-essence aan het beslag toe. Vul de gebakken cakejes met een laag aardbeienjam en 1,5 dl geklopte slagroom. Bestuif de bovenkant met de gezeefde poedersuiker.

chocoladecakejes met kokos

Voor **24 stuks**
Voorbereiding **20 minuten,
   plus 1 nacht rusten**
Bereiding **25-30 minuten**

125 g **boter**, op kamertemperatuur
125 g **fijne kristalsuiker**
2 **eieren**, licht geklopt
250 g **zelfrijzend bakmeel**
snufje **zout**
4 eetlepels **melk**
1 theelepel **vanille-essence**

Voor het glazuur
400 g **poedersuiker**
100 g **cacaopoeder**
1,5-1,75 dl **kokend water**
200 g **gedroogd, geraspt kokos**

Klop de boter en suiker in een mengkom tot een licht en romig mengsel. Klop de eieren geleidelijk door het mengsel tot ze volledig zijn opgenomen. Zeef het meel en zout. Roer deze door het romige mengsel samen met de melk en vanille. Of meng alle ingrediënten voor de cake in de keukenmachine tot een glad beslag.

Schep het beslag in een ingevette en met bakpapier beklede cakevorm van 18 x 25 cm. Strijk de bovenkant glad met een glaceermes. Bak de cake 25-30 minuten in een op 190 °C voorverwarmde oven, tot hij gerezen is en stevig aanvoelt. Laat de cake 5 minuten in de vorm afkoelen. Maak de zijkanten los. Stort de cake op een taartrooster en verwijder het bakpapier. Laat de cake een nachtje staan.

Zeef voor het glazuur de poedersuiker en cacao boven een kom. Maak een kuiltje in het midden en roer het kokende water erdoor tot er een vloeibaar chocoladeglazuur ontstaat.

Snijd de afgekoelde cake in 24 blokjes. Gebruik 2 vorken om de blokjes in het glazuur te dopen. Bedek de cakejes meteen met kokos. Laat het glazuur uitharden op bakpapier.

Voor frambozencakejes: snijd de cake doormidden zodra hij is afgekoeld. Plak de helften weer aan elkaar met 6 eetlepels frambozenjam. Zeef 200 g poedersuiker boven een kom en roer daar 5-6 theelepels koud water door voor een smeerbaar glazuur. Bestrijk de cake ermee en versier hem met decoratiesuiker of -hagel. Laat het glazuur 30 minuten uitharden. Snijd de cake vervolgens in 24 blokjes.

chocolademuffins

Voor **12 stuks**
Voorbereiding **20 minuten**
Bereiding **15-18 minuten**

275 g **bloem**
25 g **cacaopoeder**
3 theelepels **bakpoeder**
150 g **fijne kristalsuiker**
75 g **boter**, gesmolten
3 **eieren**, geklopt
1,5 dl **melk**
1 theelepel **vanille-essence**
200 g **witte chocolade**, fijngehakt
100 g **pure of melkchocolade**, in stukjes

Zeef de bloem, cacao en het bakpoeder boven een mengkom. Voeg de suiker toe en roer door elkaar.

Voeg de gesmolten boter, geklopte eieren, melk en vanille-essence toe. Meng dit met een vork grofweg door elkaar. Roer de gehakte witte chocolade erdoor.

Schep het beslag in papieren cakevormpjes in een muffinplaat met 12 holten. Bak de muffins 18-20 minuten in een op 200 °C voorverwarmde oven, tot ze goed gerezen zijn. Laat ze 5 minuten in de plaat afkoelen. Leg ze vervolgens op een taartrooster.

Smelt de pure of melkchocolade in een hittebestendige kom op een pan zacht kokend water. Giet de chocolade in willekeurige lijntjes over de muffins.

Serveer de muffins warm of koud. Ze zijn het lekkerst op de dag van bereiding.

Voor muffins met witte chocolade en cranberry:
week 40 g gedroogde cranberry's 10 minuten in 2 eetlepels kokend water. Gebruik 300 g bloem in plaats van het mengsel van bloem en cacaopoeder. Volg verder het recept. Voeg de uitgelekte, geweekte cranberry's toe samen met de gehakte witte chocolade. Laat het chocoladeglazuur achterwege. Bestrooi de bovenkant van de muffins met wat gezeefde poedersuiker.

banaan-rozijnpannenkoekjes

Voor **10 stuks**
Voorbereiding **10 minuten**
Bereiding **8 minuten**

125 g **zelfrijzend bakmeel**
2 eetlepels **fijne kristalsuiker**
½ theelepel **bakpoeder**
1 kleine rijpe **banaan**,
 ca. 125 g met schil,
 gepeld en grof geprakt
1 **ei**, geklopt
1,5 dl **melk**
50 g **sultanarozijnen**
olie, voor het invetten
**boter, heldere honing,
 golden syrup of
 ahornsiroop**, voor erbij

Doe het meel, de suiker en het bakpoeder in een mengkom. Voeg de geprakte banaan en het ei toe. Klop geleidelijk de melk erdoor met een vork, tot het mengsel een glad, dik beslag vormt. Roer de rozijnen erdoor.

Giet een klein beetje olie op een stukje opgevouwen keukenpapier en vet hier een zware koekenpan met antiaanbaklaag mee in. Verwarm de pan en giet er flinke dessertlepels beslag in met voldoende tussenruimte. Bak de pannenkoekjes 2 minuten, tot er bubbeltjes aan de bovenkant verschijnen en de onderkant goudbruin is. Draai ze om en bak ze nog 1-2 minuten, tot de andere kant ook klaar is.

Serveer de pannenkoekjes warm met boter, honing of siroop. Deze pannenkoekjes smaken het lekkerst op de dag van bereiding.

Voor zomerse bessenpannenkoekjes: volg het recept maar roer 125 g verse blauwe bessen en frambozen door het mengsel in plaats van de rozijnen.

kruidige peer-cranberrymuffins

Voor **12 stuks**
Voorbereiding **20 minuten**
Bereiding **15-18 minuten**

40 g **gedroogde cranberry's**
2 eetlepels **kokend water**
3 kleine rijpe **peren**
300 g **bloem**
3 theelepels **bakpoeder**
1 theelepel **kaneel**
½ theelepel **nootmuskaat**
125 g **fijne kristalsuiker**, plus extra voor het bestrooien
50 g **boter**, gesmolten
3 eetlepels **olijfolie**
3 **eieren**
150 g **magere yoghurt**

Doe de cranberry's in een kopje. Voeg het kokende water toe en laat ze 10 minuten weken. Snijd ondertussen de peren in vieren. Verwijder het klokhuis. Schil ze en snijd ze in blokjes.

Doe de bloem, het bakpoeder, de specerijen en suiker in een mengkom. Meng met een vork de boter, olie, eieren en yoghurt in een andere kom. Roer dit door het bloemmengsel.

Laat de cranberry's uitlekken. Voeg ze toe aan het bloemmengsel, samen met de peren. Meng het geheel kort. Schep het mengsel in papieren cakevormpjes en leg ze in een muffinplaat met 12 holten. Bestrooi ze met wat extra suiker.

Bak de muffins 15-18 minuten in een op 200 °C voorverwarmde oven, tot ze goed gerezen zijn en goudbruin kleuren. Laat ze 5 minuten in de plaat afkoelen. Leg ze vervolgens op een taartrooster. Serveer de muffins koud of warm. Ze smaken het lekkerst op de dag van bereiding.

Voor blauwebes-cranberrymuffins: vervang de peer en specerijen uit het recept door 125 g verse blauwe bessen en de geraspte schil van 1 citroen. Doe deze ingrediënten bij het bloemmengsel op hetzelfde moment als de geweekte cranberry's.

gelaagd taartje met aardbei

Voor **8 stuks**
Voorbereiding **30 minuten**
Bereiding **10-12 minuten**

150 g **bloem**
25 g **rijstebloem**
125 g **boter**, in blokjes
50 g **fijne kristalsuiker**
1 eetlepel verpulverde **lavendelbloemetjes** (onbespoten)

Voor de garnering
250 g **aardbeien** (of een mengsel van aardbeien en frambozen)
1,5 dl **slagroom**, stijfgeklopt
16 **lavendelbloemetjes** (naar keuze)
gezeefde **poedersuiker**, voor het bestrooien

Doe de bloem en rijstebloem in een mengkom of in de keukenmachine. Voeg de boter toe. Werk deze met uw vingertoppen door de bloem, of meng het geheel in de keukenmachine, tot het deeg op broodkruimels lijkt.

Roer de suiker en verpulverde bloemetjes erdoor. Druk het deeg samen tot een soepele bal en kneed het licht. Rol het op een met bloem bestoven werkvlak uit tot het 5 mm dik is. Druk met een gekartelde uitsteekvorm van Ø7,5 cm cirkeltjes uit het deeg. Leg deze op een niet-ingevette bakplaat. Kneed de afsnijdsels opnieuw en blijf rollen en vormpjes uitsteken tot u 16 koekjes heeft.

Prik met een vork in de koekjes. Bak ze 10-12 minuten in een op 160 °C voorverwarmde oven, tot ze licht goudbruin zijn. Laat ze afkoelen op de bakplaat.

Voor de garnering: halveer 4 van de kleinste aardbeien. Verwijder de kroontjes en snijd de aardbeien in stukjes. Schep de slagroom op 8 koekjes. Leg de plakjes aardbei erop gevolgd door nog een koekje. Schep de resterende slagroom erop. Versier het koekje met de achtergehouden halve aardbeien en desgewenst de lavendelbloemetjes. Strooi er wat poedersuiker over. Deze minitaartjes zijn het lekkerst op de dag dat ze gevuld zijn. Ongevulde koekjes kunt u maximaal 3 dagen in een luchtdicht afgesloten bewaardoos bewaren.

Voor een gelaagd taartje met citroen en blauwe bes: volg het recept maar voeg in plaats van verpulverde lavendelbloemetjes de geraspte schil van 1 citroen toe aan het koekjesdeeg. Vul de koekjes met de slagroom en 150 g verse blauwe bessen.

muffins met abrikoos

Voor **12 stuks**
Voorbereiding **20 minuten**
Bereiding **15-18 minuten**

300 g **zelfrijzend (volkoren) bakmeel**
1 theelepel **bakpoeder**
150 g **lichtbruine basterdsuiker**
geraspte schil van
  1 **sinaasappel**
3 **eieren**
2 dl **crème fraîche**
225 g **abrikooshelften op eigen sap** (blik), uitgelekt en grof gehakt (bewaar het sap)
3 eetlepels **zonnebloempitten**

Meng het meel, bakpoeder, de suiker en sinaasappelrasp in een mengkom.

Klop de eieren los in een kleinere kom. Roer de crème fraîche erdoor. Voeg dit toe aan het meelmengsel, samen met de gehakte abrikozen. Meng alles kort met een vork. Voeg 2-3 eetlepels van het bewaarde abrikozensap toe voor een zacht, schepbaar geheel.

Schep het mengsel in papieren cakevormpjes in een muffinplaat met 12 holten. Bestrooi de muffins met de zonnebloempitten. Bak ze 15-18 minuten in een op 200 °C voorverwarmde oven, tot ze goed gerezen zijn en de bovenkant iets gescheurd is. Laat ze 5 minuten in de plaat afkoelen. Leg ze vervolgens op een taartrooster. Serveer de muffins warm of koud. Ze zijn het lekkerst op de dag van bereiding.

Voor perzik-sinaasappelmuffins: voeg het gesneden vruchtvlees van 1 grote perzik, de geraspte schil van 1 sinaasappel en 2-3 eetlepels sinaasappelsap toe aan het basismuffinmengsel in plaats van de abrikozen uit blik en het bewaarde sap.

banoffee-schuimgebak

Voor 8 stuks
Voorbereiding 30 minuten
Bereiding **1-1¼ uur**

3 **eiwitten**
100 g **lichtbruine basterdsuiker**
75 g **fijne kristalsuiker**

Voor de garnering
1 kleine rijpe **banaan**
1 eetlepel **citroensap**
1,5 dl **slagroom**
8 eetlepels kant-en-klare **toffee- of karamelsaus** voor ijs

Klop de eiwitten in een grote, schone kom stijf. Roer geleidelijk de suiker per theelepel erdoor tot alle suiker is toegevoegd. Klop nog een paar minuten tot het meringuemengsel dik en glanzend is.

Neem met een dessertlepel een flinke schep van het meringuemengsel. Schuif het mengsel van de lepel met een andere lepel en leg het op een grote bakplaat bekleed met antikleefpapier. Doe hetzelfde met het resterende mengsel.

Bak het schuimgebak 1-1¼ uur in een op 110 °C voorverwarmde oven, tot het schuimgebak stevig is en makkelijk van het papier gehaald kan worden. Laat het schuimgebak op het papier afkoelen.

Voor de garnering: prak de banaan met het citroensap tot een grof mengsel. Klop de slagroom net stijf. Roer er 2 eetlepels van de toffee- of karamelsaus door en meng de room door de geprakte banaan. Plak hiermee het schuimgebak aan elkaar. Leg de schuimgebakjes in papieren cakevormpjes. Besprenkel ze met de resterende saus en serveer ze meteen. Ongevuld schuimgebak kan nog 3 dagen in een luchtdicht afgesloten bewaardoos bewaard blijven.

Voor koffie-toffee-schuimgebak: bereid het schuimgebak zoals hierboven beschreven. Klop de room. Roer er vervolgens 1-2 theelepels oploskoffie door (opgelost in 1 theelepel kokend water). Gebruik dit mengsel om het schuimgebak aan elkaar te plakken. Giet wat toffee- of karamelsaus over het schuimgebak.

cakejes met hazelnoot en bessen

Voor **12 stuks**
Voorbereiding **20 minuten**
Bereiding **20 minuten**

3 **eieren**
1,5 dl **demi-crème fraîche**
150 g **fijne kristalsuiker**
50 g **fijngemalen hazelnoten**
175 g **bloem**
1½ theelepel **bakpoeder**
125 g **verse blauwe bessen**
15 g **hazelnoten**, grof gehakt
gezeefde **poedersuiker**, voor het bestrooien

Doe de eieren, crème fraîche en suiker in een mengkom. Meng tot een glad beslag. Voeg de gemalen hazelnoten, bloem en het bakpoeder toe en meng alles goed.

Schep het beslag in papieren cakevormpjes in een muffinplaat met 12 holten. Verdeel de blauwe bessen gelijkmatig over de cakejes. Druk ze licht in het mengsel. Bestrooi met de gehakte hazelnoten.

Bak de cakejes ca. 20 minuten in een op 180 °C voorverwarmde oven, tot ze goed gerezen zijn en goudbruin kleuren. Bestrooi de bovenkant met wat gezeefde poedersuiker. Laat ze afkoelen in de plaat. Deze cakejes zijn het lekkerst op de dag van bereiding.

Voor cakejes met amandel en framboos: volg het recept maar gebruik 50 g gemalen amandelen in plaats van de gemalen hazelnoten en vervang de blauwe bessen door frambozen. Besprenkel de cakejes met 15 g amandelschaafsel. Bak ze zoals hierboven beschreven.

tintelende citroencakejes

Voor **12 stuks**
Voorbereiding **25 minuten**, plus uitharden
Bereiding **15-18 minuten**

125 g **margarine**, zacht
125 g **fijne kristalsuiker**
2 **eieren**, geklopt
125 g **zelfrijzend bakmeel**
geraspte schil en het sap van 1 **citroen**
175 g gezeefde **poedersuiker**
gele of roze voedselkleurstof
(pastelkleurige) **suikerbloemen**, voor de garnering

Klop de margarine, suiker, eieren, het meel en de citroenrasp in een mengkom of in de keukenmachine tot een glad beslag.

Verdeel het beslag gelijkmatig over cakevormpjes van folie in een muffinplaat met 12 holten. Strijk de bovenkant glad. Bak de cakejes 15-18 minuten in een op 180 °C voorverwarmde oven, tot ze goudbruin zijn en de cakejes veerkrachtig aanvoelen als u erop drukt. Laat de cakejes afkoelen in de vorm.

Meng de poedersuiker met 4-5 theelepels van het citroensap tot een gladde, dikke en smeerbare massa. Snijd de bovenkant van de cakejes recht af, indien nodig. Schep de helft van het glazuur over de helft van de cakejes. Breng een mooi laagje glazuur aan met een vochtig gemaakt glaceermes.

Kleur het resterende glazuur lichtgeel of roze en schep het op de resterende cakejes. Garneer ze met suikerbloemen. Laat het glazuur 30 minuten uitharden. Bewaar de cakejes maximaal 3 dagen in een luchtdicht afgesloten bewaardoos.

Voor verjaardagscakejes: voeg 1 theelepel vanille-essence toe aan het beslag in plaats van de citroenrasp. Voeg water in plaats van citroensap toe aan de poedersuiker. Maak de ene helft van het glazuur lichtroze en de andere helft blauw. Schep het glazuur op de cakejes. Zet een klein kaarsje in een kaarshoudertje in het midden van elk cakeje. Versier de cakejes met kleine snoepjes in plaats van suikerbloemetjes.

volkoren stroopscones

Voor **14 stuks**
Voorbereiding **15 minuten**
Bereiding **6-8 minuten**

400 g **moutmeel**, plus extra voor het bestrooien
50 g **boter**, in blokjes
50 g **lichtbruine basterdsuiker**
3 theelepels **bakpoeder**
1 theelepel **natriumbicarbonaat**
8 eetlepels **magere yoghurt**
2 eetlepels **stroop**
1 **ei**, geklopt

Voor de garnering
5 dl **crème fraîche**
375 g **aardbeienjam**

Doe het meel in een mengkom of in de keukenmachine. Voeg de boter toe. Werk deze met uw vingertoppen door het meel, of meng het geheel in de keukenmachine, tot het deeg op broodkruimels lijkt. Roer de suiker en het bakpoeder erdoor.

Roer het natriumbicarbonaat door de yoghurt. Voeg dit samen met de stroop toe aan het deeg. Roer geleidelijk voldoende ei erdoor voor een glad, maar niet-plakkerig deeg. Kneed het deeg kort en rol het op een met bloem bestoven werkvlak uit tot een dikte van 2 cm.

Werk snel. Snijd met een uitsteekvorm rondjes van Ø5,5 cm. Leg de vormpjes op een ingevette bakplaat. Kneed de afsnijdsels nogmaals. Blijf rollen en vormpjes uitsteken tot al het deeg op is. Leg de koekjes op de bakplaat. Bestrooi ze eventueel met wat extra meel.

Bak de scones 6-8 minuten in een op 220 °C voorverwarmde oven tot ze goed gerezen zijn en goudbruin kleuren. Leg de scones in een met een servet bekleed mandje. Serveer ze warm of koud. Snijd ze doormidden en schep er een toef crème fraîche en jam op. Ze zijn het lekkerst op de dag van bereiding.

Voor scones met dadels en walnoten: volg het basisrecept hierboven, maar roer 100 g gehakte gedroogde dadels en 40 g gehakte walnoten door het sconedeeg vlak nadat u de stroop heeft toegevoegd.

mokkacakejes

Voor **12 stuks**
Voorbereiding **15 minuten, plus uitharden**
Bereiding **20 minuten**

2,5 dl **water**
250 g **fijne kristalsuiker**
125 g **boter**
2 eetlepels **cacaopoeder**, gezeefd
½ theelepel **natriumbicarbonaat**
2 eetlepels **oploskoffie**
225 g **zelfrijzend bakmeel**
2 **eieren**, licht geklopt
12 **chocoladekoffiebonen**, voor de garnering

Voor het glazuur
150 g **pure chocolade**, in stukjes
150 g **boter**, in blokjes
2 eetlepels **golden syrup**

Doe het water en de suiker in een pan. Verwarm de inhoud zachtjes. Roer tot de suiker is opgelost. Roer de boter, cacao, het natriumbicarbonaat en de oploskoffie erdoor. Breng het geheel aan de kook. Laat de inhoud 5 minuten zachtjes pruttelen. Haal de pan van het vuur en laat afkoelen.

Klop het meel en de eieren door het afgekoelde koffiemengsel tot er een glad geheel ontstaat. Verdeel het beslag gelijkmatig over cakevormpjes van folie in een muffinplaat met 12 holten. Bak de cakejes 20 minuten in een op 180 °C voorverwarmde oven, tot ze gerezen en stevig zijn. Laat de cakejes op een taartrooster afkoelen.

Bereid het glazuur. Doe de chocolade, boter en siroop in een hittebestendige kom en zet die op een pan zacht kokend water. Roer tot de inhoud is gesmolten. Haal de pan van het vuur. Laat de inhoud tot kamertemperatuur afkoelen. Zet de pan dan in de koelkast tot het glazuur dik is. Bestrijk de cakejes ermee. Leg er een chocoladekoffieboon op en laat het glazuur uitharden.

Voor chocoladecakejes: laat de oploskoffie achterwege. Versier het glazuur met wat geschaafde pure of melkchocolade in plaats van met chocoladekoffiebonen.

friandises met framboos en kokos

Voor **9 stuks**
Voorbereiding **10 minuten**
Bereiding **18-20 minuten**

75 g **bloem**
200 g **poedersuiker**
125 g **gemalen amandelen**
50 g **gedroogd, geraspt kokos**
geraspte schil van 1 **citroen**
5 **eiwitten**
175 g **boter**, gesmolten
125 g **frambozen**

Zeef de bloem en poedersuiker boven een mengkom. Roer de gemalen amandelen, het kokos en de citroenrasp erdoor.

Klop de eiwitten in een grote, schone kom schuimig. Spatel dit door de droge ingrediënten. Voeg de gesmolten boter toe en roer tot alles goed is gemengd.

Schep het mengsel in negen licht ingevette friandisevormpjes (of ondiepe broodvormpjes). Leg op elke friandise een paar frambozen. Bak de friandises 18-20 minuten in een op 200 °C voorverwarmde oven, tot een satéprikker die u in het midden van het deeg steekt er droog uit komt. Laat de inhoud 5 minuten in de vormpjes afkoelen. Stort ze vervolgens op een taartrooster en laat ze daar volledig afkoelen.

Voor friandises met abrikoos en pistache: vervang het kokos door 50 g gepelde, gehakte pistachenoten. Vervang de frambozen door dezelfde hoeveelheid verse stukjes abrikoos.

koekjes

knapperige koekjes

Voor **12 stuks**
Voorbereiding **15 minuten**
Bereiding **16-20 minuten**

100 g **bloem**
1 theelepel **bakpoeder**
½ theelepel **natrium-bicarbonaat**
½ theelepel **kaneel**
½ theelepel **gemberpoeder**
½ theelepel **gemalen piment**
fijn geraspte schil van
   1 **citroen**
50 g **boter**, in blokjes
50 g fijne **kristalsuiker**
2 eetlepels **golden syrup**

Meng de bloem, het bakpoeder, natriumbicarbonaat, de specerijen en citroenrasp in een mengkom. Voeg de boter toe en werk deze er met uw vingertoppen door tot het deeg op broodkruimels lijkt.

Roer de suiker erdoor. Voeg de golden syrup toe. Meng het geheel eerst met een lepel en kneed het deeg dan met de hand tot een bal.

Vorm een staaf van het deeg. Snijd deze in 12 plakjes. Maak van elk stuk een balletje en leg de balletjes met voldoende tussenruimte, zodat de koekjes tijdens het bakken uit kunnen zetten, op twee grote, ingevette bakplaten.

Schuif één bakplaat per keer 8-10 minuten in het midden van een op 180 °C voorverwarmde oven, tot de bovenkant van de koekjes gescheurd is en goudbruin kleurt.

Laat de koekjes 1-2 minuten hard worden. Haal ze dan van de bakplaat. Laat ze op een taartrooster volledig afkoelen. Bewaar ze maximaal 3 dagen in een luchtdicht afgesloten bewaardoos.

Voor gemberknappertjes: volg bovenstaande recept maar gebruik 1 theelepel gemberpoeder en ¼ theelepel koekkruiden in plaats van de hoeveelheden kaneel, gember en piment.

paaskoekjes

Voor **18 stuks**
Voorbereiding **20 minuten,
plus uitharden**
Bereiding **10 minuten**

250 g **bloem**
50 g **maismeel**
175 g **boter**, in blokjes
100 g **fijne kristalsuiker**
paar druppels **vanille-
essence**

Voor de garnering
1 eiwit
250 g gezeefde **poedersuiker**
1 theelepel **citroensap**
verschillende **voedselkleur-
stoffen (vloeibaar of pasta)**

Doe de bloem en het maismeel in een mengkom of in de keukenmachine. Voeg de boter toe. Werk deze met uw vingertoppen door het meel, of meng het geheel in de keukenmachine, tot het deeg op broodkruimels lijkt. Roer de suiker en vanille erdoor. Druk vervolgens het deeg met uw handen samen tot een soepele bal.

Kneed het deeg kort en rol het op een met bloem bestoven werkvlak uit tot een dunne lap. Maak met een uitsteekvorm allerlei feestelijke figuurtjes. Leg ze op niet-ingevette bakplaten. Kneed de afsnijdsels opnieuw en blijf rollen en vormpjes uitsteken tot al het deeg opgebruikt is.

Prik met een vork in de koekjes. Bak ze 10 minuten in een op 180 °C voorverwarmde oven, tot ze licht goudbruin zijn. Laat ze afkoelen op de bakplaat.

Doe voor het glazuur het eiwit in een kom. Roer geleidelijk de poedersuiker en het citroensap erdoor tot er een glad mengsel ontstaat. Voeg extra water toe als het glazuur te dik is. Verdeel het over twee of meer schaaltjes en voeg de gewenste kleurstoffen toe.

Spuit met spuitzakjes van vetvrij papier rondom een glazuurrandje op de koekjes. Laat het glazuur 10 minuten uitharden voor u de lijntjes vanbinnen opvult met glazuur in dezelfde kleur. Laat drogen. Spuit wit glazuur langs de randen van de koekjes om ze een nog sprekender uiterlijk te geven.

Voor nummerkoekjes: rol het koekdeeg uit. Snijd met een speciale uitsteekvorm allerlei getallen uit. Bak de koekjes. Versier ze met glazuur en hagel.

chocoladeflorentines

Voor **26 stuks**
Voorbereiding **30 minuten,** plus uitharden
Bereiding **15-20 minuten**

100 g **boter**
100 g **fijne kristalsuiker**
75 g **gekleurde gekonfijte kersen**, grof gehakt
75 g **amandelschaafsel**
50 g **sukade**, fijngehakt
50 g **hazelnoten**, grof gehakt
2 eetlepels **bloem**
150 g **pure chocolade**, in stukjes

Doe de boter en suiker in een pan. Verwarm de inhoud zachtjes tot de boter gesmolten en de suiker opgelost is. Haal de pan van het vuur. Roer de resterende ingrediënten erdoor behalve de chocolade.

Schep telkens een eetlepel van het mengsel met voldoende tussenruimte op drie met antikleefpapier beklede bakplaten. Druk de bergjes een beetje plat. Bak één bakplaat per keer 5-7 minuten in het midden van een op 180 °C voorverwarmde oven, tot de noten goudbruin zijn.

Haal de bakplaat uit de oven en zet de volgende erin. Snijd de randjes van de koekjes netjes af met een uitsteekvorm; zet hem boven op het koekje en draai hem zachtjes rond om de randjes mooi egaal te maken. Laat de koekjes afkoelen.

Smelt de chocolade in een hittebestendige kom op een pan zacht kokend water. Haal de koekjes van het bakpapier. Leg ze met de bovenkant naar onder op een taartrooster. Schep de gesmolten chocolade op de vlakke onderkant van de koekjes. Strijk de bovenkant glad. Laat de chocolade afkoelen en uitharden.

Voor koekjes met witte chocolade en gember:
voeg 2 eetlepels gehakte ingelegde stemgember toe aan het noten-vruchtenmengsel. Bestrijk de gebakken koekjes met gesmolten witte in plaats van pure chocolade.

sneeuwmankoekjes

Voor **12 stuks**
Voorbereiding **30 minuten, plus uitharden**
Bereiding **7-8 minuten**

150 g **bloem**
50 g **fijne kristalsuiker**
1 theelepel **gemberpoeder**
100 g **boter**, in blokjes
24 kleine eetbare **zilverpilletjes of kleine snoepjes**
50 g **roze rolfondant**
50 g **blauwe rolfondant**
kleine tube **zwart schrijfglazuur**

Voor het glazuur
125 g **poedersuiker**
snufje **gemberpoeder**
5 theelepels **water**

Doe de bloem, suiker en het gemberpoeder in een mengkom of in de keukenmachine. Voeg de boter toe. Werk deze met uw vingertoppen door de bloem, of meng het geheel in de keukenmachine, tot het deeg op broodkruimels lijkt.

Druk het deeg met uw handen samen tot een soepele bal. Kneed het deeg lichtjes. Rol het vervolgens uit tot een dunne lap op twee stukken antikleefpapier.

Steek de sneeuwmannen uit met een uitsteekvorm van Ø10 cm. Leg ze op niet-ingevette bakplaten. Bak de koekjes 7-8 minuten in een op 180 °C voorverwarmde oven, tot ze licht goudbruin zijn. Laat ze afkoelen op de bakplaten en leg ze dan op een taartrooster.

Bereid het glazuur. Zeef de poedersuiker en het gemberpoeder boven een kom. Meng geleidelijk het water erdoor tot er een glad, dun glazuur ontstaat. Schep het glazuur op de koekjes. Laat het iets over de randjes lopen. Leg de zilverpilletjes of snoepjes erop als ogen. Laat het glazuur drogen en uitharden.

Versier de sneeuwmannen met sjaaltjes, hoedjes en bolletjes van rolfondant; plak vast met wat water. Maak met het schrijfglazuur zwarte lachende mondjes. Laat het glazuur 1 uur uitharden.

Voor halloweenpompoentjes: vervang het gemberpoeder door 1 theelepel kaneel. Steek uit het deeg cirkeltjes van Ø7 cm. Bak ze als hierboven. Maak glazuur van 175 g poedersuiker en 6-7 theelepels versgeperst sinaasappelsap en kleur het oranje met voedselkleurstof. Schep dit op de koekjes en laat het bijna hard worden. Maak dan de gezichtskenmerken met gele, zwarte en groene rolfondant.

koffiekussen

Voor **10 stuks**
Voorbereiding **25 minuten, plus afkoelen**
Bereiding **8-10 minuten**

2 theelepels **oploskoffie**
1 theelepel **kokend water**
75 g **boter**, op kamertemperatuur
50 g **lichtbruine basterdsuiker**
125 g **zelfrijzend bakmeel**

Voor de vulling
2 theelepels **oploskoffie**
2 theelepels **kokend water**
50 g **boter**, op kamertemperatuur
100 g gezeefde **poedersuiker**

Los de koffie op in kokend water. Klop de boter en suiker in een mengkom tot een licht en romig mengsel. Voeg de opgeloste koffie toe. Roer het mengsel geleidelijk door de bloem tot er een soepel deeg ontstaat.

Vorm het deeg tot een staaf. Laat deze 15 minuten afkoelen. Snijd de afgekoelde staaf in 20 stukken. Draai van elk stuk een balletje. Leg de balletjes op twee ingevette bakplaten. Druk de balletjes voorzichtig plat met een vork. Bak de koekjes 8-10 minuten in een op 180 °C voorverwarmde oven, tot ze bruin zijn. Laat de koekjes 5 minuten afkoelen. Laat ze vervolgens op een taartrooster volledig afkoelen.

Bereid de vulling. Los de koffie op in kokend water. Klop de boter en poedersuiker in een kom door elkaar. Roer de opgeloste koffie erdoor tot er een zachte, luchtige massa ontstaat. Gebruik de massa om twee koekjes aan elkaar te plakken. Consumeer de koekjes binnen 2 dagen.

Voor chocoladekussen: laat de oploskoffie achterwege. Vervang 15 g cacaopoeder door dezelfde hoeveelheid bloem. Maak de vormpjes zoals hierboven beschreven. Gebruik vervolgens 50 g gesmolten chocolade voor de vulling in plaats van oploskoffie met water.

ahornsiroopkoekjes

Voor **40 stuks**
Voorbereiding **20 minuten**, plus afkoelen
Bereiding **12-15 minuten**

6 eetlepels **ahornsiroop**
50 g **fijne kristalsuiker**
1 theelepel **natriumbicarbonaat**
1 **eidooier**
100 g **boter**, gesmolten
150 g **bloem**
¼ theelepel **kaneel**
75 g **pure chocolade**, in stukjes
75 g **witte chocolade**, in stukjes

Roer de ahornsiroop, suiker, het natriumbicarbonaat en de eidooier door de gesmolten boter. Roer de bloem en kaneel erdoor. Klop het geheel tot een glad, romig deeg.

Schep enkele theelepels van het mengsel met wat tussenruimte op met antikleefpapier beklede bakplaten. Bak de koekjes 4-5 minuten in een op 190 °C voorverwarmde oven, tot ze goudbruin zijn. Laat ze 1-2 minuten afkoelen. Haal ze van het bakpapier en leg ze op een taartrooster.

Smelt de pure en witte chocolade in aparte hittebestendige kommen op een pan zacht kokend water.

Houd een koekje boven een van de kommen en schep wat chocolade over de helft van het koekje. Smeer de chocolade uit met de achterkant van een lepel. Leg het koekje weer op het taartrooster. Bestrijk de rest van de koekjes op dezelfde manier met chocolade: de helft van de koekjes met witte en de andere helft met pure chocolade. Laat de koekjes 30 minuten op een koele plaats liggen tot de chocolade hard is geworden. Bewaar de koekjes in een luchtdicht afgesloten bewaardoos. Leg tussen elke laag koekjes een stuk bakpapier. Bewaar de koekjes niet langer dan 2 dagen.

Voor honingkoekjes: gebruik honing in plaats van ahornsiroop en gemberpoeder in plaats van kaneel. Strooi bruine suiker over de koekjes net voordat ze de oven in gaan in plaats van ze achteraf te bedekken met een laagje chocolade.

amandelkoekjes

Voor **14 stuks**
Voorbereiding **25 minuten**
Bereiding **15 minuten**

175 g **bloem**
50 g **gemalen amandelen**
50 g **fijne kristalsuiker**, plus wat extra voor het bestrooien
een paar druppels **amandelessence**
150 g **boter**, in blokjes

Voor de garnering
25 g **blanke amandelen**, gehalveerd
2 **gekonfijte kersen**, in kleine stukjes

Doe de bloem, gemalen amandelen, suiker en amandelessence in een mengkom of in de keukenmachine. Voeg de boter toe. Werk deze met uw vingertoppen door de bloem, of meng het geheel in de keukenmachine, tot het deeg op broodkruimels lijkt.

Druk het deeg met de hand samen tot een bal. Kneed het lichtjes. Rol het op een met bloem bestoven werkvlak uit tot een lap van 1 cm dik. Steek er cirkeltjes van Ø6 cm uit met een gekartelde uitsteekvorm. Leg de koekjes op een niet-ingevette bakplaat. Kneed de afsnijdsels opnieuw. Blijf rollen en uitsteken tot al het deeg op is.

Prik elk koekje 4 keer in met een vork voor een kruisvorm. Leg daartussen steeds een amandelhelft. Versier het midden van het koekje met een klein stukje gekonfijte kers. Bestrooi de koekjes met wat kristalsuiker en bak ze ca. 15 minuten in een op 160 °C voorverwarmde oven, tot ze licht goudbruin zijn.

Maak de koekjes los en laat ze op de bakplaat afkoelen of leg ze eventueel op een taartrooster.

Voor oranjebloesemkoekjes: laat de gemalen amandelen achterwege en verminder de hoeveelheid boter tot 125 g. Voeg 2 theelepels oranjebloesemwater toe, of naar smaak. Bak de koekjes zoals hierboven beschreven. Bestrooi ze met gezeefde poedersuiker. Serveer de koekjes op zich of als bijgerecht bij een vruchtencocktail of -mousse.

linzerkoekjes

Voor **16 stuks**
Voorbereiding **35 minuten**
Bereiding **16 minuten**

50 g **hazelnoten**
225 g **bloem**
75 g **fijne kristalsuiker**
150 g **boter**, in blokjes
fijn geraspte schil
  van ½ **citroen**
1 **eidooier**
4 eetlepels **pitloze frambozenjam**
gezeefde **poedersuiker**,
  voor het bestrooien

Maal de hazelnoten heel fijn in de blender of in een koffiemolen.

Doe de bloem en suiker in een mengkom of in de keukenmachine. Voeg de boter toe. Werk deze met uw vingertoppen door de bloem, of meng het geheel in de keukenmachine, tot het deeg op broodkruimels lijkt. Roer de gemalen hazelnoten en citroenrasp erdoor. Voeg de eidooier toe. Meng het geheel met de hand tot een stevig deeg.

Kneed het deeg lichtjes. Rol de helft van het deeg op een met bloem bestoven werkvlak uit tot een lap van 1 cm dik. Steek cirkeltjes van 5,5 cm uit met een gekartelde uitsteekvorm. Leg de koekjes op een niet-ingevette bakplaat. Steek bij de helft van de koekjes in het midden met een uitsteekvorm hartjes of sterretjes uit van ca. 2,5 cm.

Bak de eerste portie koekjes ca. 8 minuten in een op 160 °C voorverwarmde oven, tot ze licht goudbruin zijn. Doe hetzelfde met het resterende deeg.

Laat de koekjes 1-2 minuten hard worden. Haal ze van de bakplaat. Leg ze op een taartrooster en laat ze verder afkoelen.

Verdeel de jam gelijkmatig over het midden van de hele koekjes. Breng een dikke laag aan en laat de randen van de koekjes iets vrij. Leg een koekje met ster- of hartvorm op het hele koekje. Bestrooi ze met wat gezeefde poedersuiker. Laat de koekjes volledig afkoelen alvorens ze te serveren.

Voor sinaasappel-abrikooskoekjes: voeg de geraspte schil van ½ kleine sinaasappel toe in plaats van de citroen. Plak de koekjes aan elkaar met abrikozenjam.

kerstboomversieringen

Voor **20 stuks**
Voorbereiding **35 minuten, plus koelen en uitharden**
Bereiding **10-12 minuten**

125 g **boter**, op kamertemperatuur
125 g **fijne kristalsuiker**
2 **eidooiers**
1 eetlepel **cacaopoeder**
1 theelepel **kaneel**
175 g **bloem**

Voor het glazuur
150 g gezeefde **poedersuiker**
4-5 theelepels **eiwit** of **water**

Klop de boter en suiker in een mengkom tot een lichte, romige massa. Roer de eidooiers, cacao en kaneel er geleidelijk door. Doe de bloem erbij en kneed het tot een glad, zacht deeg. Zet het deeg 15 minuten koel weg.

Rol het deeg uit tussen twee stukken antikleefpapier tot een lap van 5 mm dik. Steek kerstfiguurtjes uit met speciale kerstuitsteekvormpjes van ca. Ø7,5 cm. Leg de koekjes op ingevette bakplaten. Kneed de afsnijdsels opnieuw. Ga door met uitrollen en vormpjes uitsteken tot al het deeg op is.

Maak een klein gaatje in elk koekje met de steel van een theelepel. Bak de koekjes 10-12 minuten in een op 180 °C voorverwarmde oven, tot ze lichtbruin zijn. Prik de gaatjes opnieuw door en laat de koekjes op de bakplaten afkoelen.

Meng de poedersuiker en het eiwit of water tot een glad, dik glazuur. Schep het in een spuitzak van vetvrij papier. Knip het topje eraf en spuit lijntjes, stipjes en krullen op de koekjes. Laat het glazuur uitharden. Haal een smal lintje door de gaatjes. Hang de koekjes in de kerstboom of in enkele wit geschilderde takken in een vaas.

Voor sinaasappel-kruidenkoekjes: volg het recept maar laat de cacao achterwege. Voeg een extra eetlepel bloem toe. Roer de geraspte schil van 1 kleine sinaasappel door het deeg. Vervang de kaneel door koekkruiden. Steek koekjes uit met een hartvorm. Maak een gaatje in de koekjes voor een lintje. Bak ze en versier ze zoals hierboven beschreven.

klassieke zandkoekjes

Voor **16 stuks**
Voorbereiding **15 minuten, plus koelen**
Bereiding **18-20 minuten**

250 g **boter**, op kamertemperatuur
125 g **fijne kristalsuiker**, plus extra voor het bestrooien
250 g **bloem**
125 g **rijstebloem**
snufje **zout**

Klop de boter en suiker in een mengkom of in de keukenmachine tot een lichte, romige massa. Zeef de bloem, rijstebloem en het zout. Meng het geheel kort tot alle ingrediënten één geheel vormen.

Leg het mengsel op een werkvlak. Kneed het voorzichtig tot een soepel deeg. Maak een schijf van het deeg. Verpak het in huishoudfolie en zet het 30 minuten koel weg.

Verdeel het deeg in twee porties. Rol elk stuk op een met bloem bestoven werkvlak uit tot een cirkel met een doorsnee van 20 cm. Leg het deeg op twee niet-ingevette bakplaten. Breng diagonale sneden aan met een scherp mes. Maak 8 gelijke punten. Prik ze in met een vork en maak met uw vingers inkepingen in de randen.

Strooi wat kristalsuiker over de koekjes. Bak ze 18-20 minuten in een op 190 °C voorverwarmde oven, tot ze goudbruin zijn. Haal ze uit de oven. Snijd de puntjes langs de inkervingen los als de koekjes nog warm zijn. Laat de koekjes 5 minuten afkoelen op de bakplaat. Laat ze verder afkoelen op een taartrooster. Bewaar ze in een luchtdicht afgesloten bewaardoos.

Voor zandkoekjes met pistache: vervang 50 g rijstebloem door 50 g gepelde, zeer fijn gehakte pistachenoten.

karamelkoekjes met stukjes kers

Voor **18 stuks**
Voorbereiding **15 minuten**
Bereiding **10-12 minuten**

- 75 g **boter**, op kamertemperatuur
- 75 g **fijne kristalsuiker**
- 75 g **lichtbruine basterdsuiker**
- 1 theelepel **vanille-essence**
- 1 **ei**, geklopt
- 175 g **zelfrijzend bakmeel**
- 100 g **karamelrepen met chocoladeomhulsel**, gehakt
- 75 g **gekonfijte kersen**, grof gehakt

Doe de boter, suikers en vanille in een mengkom. Meng ze tot een lichte, romige massa. Roer het ei en meel erdoor en meng het tot een soepel deeg.

Roer de stukjes karamelreep en kersen erdoor. Schep 18 bergjes van het deeg op twee bakplaten die u heeft bekleed met antikleefpapier. Laat voldoende ruimte over tussen de koekjes, zodat ze tijdens het bakken kunnen uitzetten.

Bak de koekjes 10-12 minuten in een op 180 °C voorverwarmde oven, tot ze goudbruin zijn. Laat ze 1-2 minuten hard worden. Maak ze dan los en laat ze op een taartrooster volledig afkoelen. Deze koekjes zijn het lekkerst op de dag van bereiding.

Voor chocolade-pistachekoekjes met ijs: neem 125 g in stukjes gebroken pure chocolade en 50 g grof gehakte pistachenoten in plaats van de karamelrepen en kersen. Bak de koekjes als hierboven beschreven en plak ze twee aan twee aan elkaar met een bolletje vanille-ijs ertussen. Serveer meteen.

pretzels met drie soorten chocolade

Voor **40 stuks**
Voorbereiding **30 minuten, plus rijzen en uitharden**
Bereiding **6-8 minuten**

225 g **harde bloem (speciaalzaken)**
1 theelepel **gedroogde gist**
2 theelepels **fijne kristalsuiker**
flinke snuf **zout**
15 g **boter**, gesmolten, of **zonnebloemolie**
1,25 dl **warm water**
75 g van zowel **witte**, **pure** als **melkchocolade**, in stukjes

Voor het glazuur
2 eetlepels **water**
½ theelepel **zout**

Meng het meel, de gist, suiker en het zout in een mengkom. Voeg de gesmolten boter of de olie toe. Meng geleidelijk het warme water erdoor voor een soepel deeg. Kneed het deeg 5 minuten op een met bloem bestoven werkvlak tot een zacht, elastisch geheel.

Snijd het deeg in vieren. Snijd elk kwart in 10 kleinere stukken. Vorm van elk stuk een dun koord van ca. 20 cm lang. Buig het koord tot een brede boog. Maak vervolgens van een van de uiteinden een lus en zet deze halverwege het koord vast. Doe hetzelfde met het andere uiteinde. Maak deze lus vast op het eerste bevestigde uiteinde.

Leg de pretzels op twee grote, ingevette bakplaten. Bedek ze voorzichtig met, licht met olie ingevette, huishoudfolie. Zet ze 30 minuten op een warme plaats tot ze goed gerezen zijn.

Bereid het glazuur. Meng het water en zout in een kom tot het zout is opgelost. Bestrijk de pretzels ermee. Bak ze 6-8 minuten in een op 200 °C voorverwarmde oven, tot ze goudbruin zijn. Leg ze op een taartrooster en laat ze verder afkoelen.

Smelt de drie soorten chocolade in drie aparte hittebestendige kommetjes op een pan zacht kokend water. Giet met een lepel willekeurige lijntjes pure chocolade over de pretzels. Laat de chocolade hard worden. Doe hetzelfde met de witte en melkchocolade.

Voor klassieke pretzels: bestrijk de pretzels zodra ze uit de oven komen met een glazuur van 2 theelepels zout, ½ theelepel fijne kristalsuiker en 2 eetlepels water.

driedubbele chocoladekoekjes

Voor **20 stuks**
Voorbereiding **15 minuten**
Bereiding **8-10 minuten**

75 g **boter**, op kamertemperatuur
175 g **lichtbruine basterdsuiker**
1 ei
150 g **zelfrijzend bakmeel**
2 eetlepels **cacaopoeder**
100 g **witte chocolade**, gehakt
100 g **melkchocolade**, gehakt

Klop de boter en suiker in een mengkom tot een licht en romig mengsel. Roer het ei, meel en cacaopoeder erdoor tot er een soepel deeg ontstaat.

Roer de gehakte chocolade erdoor. Schep 20 hoopjes van het mengsel op twee ingevette bakplaten. Laat voldoende tussenruimte tussen de hoopjes, zodat ze goed uit kunnen zetten.

Bak de koekjes 8-10 minuten in een op 180 °C voorverwarmde oven, tot ze licht verkleurd zijn. Laat ze 1-2 minuten hard worden. Haal ze dan los van de bakplaat en laat ze op een taartrooster volledig afkoelen. Deze koekjes smaken het best op de dag van bereiding.

Voor chocolade-vanille-hazelnootkoekjes: volg het basisrecept maar laat de cacao achterwege. Verhoog de hoeveelheid zelfrijzend bakmeel tot 175 g. Laat de witte chocolade weg en vervang deze door 50 g grof gehakte hazelnoten en 1 theelepel vanille-essence.

zandgebak met vlierbloesemroom

Voor **4 stuks**
Voorbereiding **20 minuten**
Bereiding **10-15 minuten**

250 g **zelfrijzend bakmeel**
2 theelepels **bakpoeder**
75 g **boter**, in blokjes
40 g **fijne kristalsuiker**
1 **ei**, licht geklopt
2-3 theelepels **melk**
15 g **boter**, gesmolten
250 g **aardbeien**, ontdaan van kroontjes en in plakjes
poedersuiker, voor het bestrooien

Voor de vlierbloesemroom
150 g **mascarpone**
1-2 eetlepels **vlierbloesemsiroop of vlierwijn**

Zeef het meel en bakpoeder boven een mengkom of doe het in de keukenmachine. Voeg de boter toe. Werk deze met uw vingertoppen door het meel, of meng het geheel in de keukenmachine, tot het deeg op broodkruimels lijkt. Roer de suiker erdoor. Meng geleidelijk het ei en de melk erdoor en blijf roeren tot zich een deeg vormt.

Rol het deeg op een met bloem bestoven werkvlak uit tot een dikte van 1 cm. Steek 8 cirkeltjes uit met een uitsteekvorm van Ø7 cm. Leg de vormpjes op een grote, licht met olie ingevette bakplaat. Bestrijk elk vormpje met wat gesmolten boter.

Bak de koekjes 10-15 minuten in een op 200 °C voorverwarmde oven tot ze gerezen zijn en goudbruin kleuren. Haal de koekjes uit de oven. Laat ze op een taartrooster afkoelen. Snijd de koekjes overdwars doormidden als ze nog warm zijn. Laat ze volledig afkoelen op het taartrooster.

Bereid de vlierbloesemroom. Roer de mascarpone en siroop of wijn door elkaar en bestrijk de onderkant van de koekjes ermee. Garneer met de plakjes aardbei en leg er een ander koekje bovenop. Bestrooi met wat poedersuiker.

Voor zandgebak met frambozen: vul de koekjes met dezelfde hoeveelheid mascarpone als hierboven, op smaak gebracht met 1 eetlepel poedersuiker. Garneer met 250 g frambozen en leg er een ander koekje bovenop.

chocolade-peperkoekjes

Voor **12 stuks**
Voorbereiding **20 minuten**
Bereiding **16-20 minuten**

100 g **bloem**
1 eetlepel **cacaopoeder**
1 theelepel **bakpoeder**
½ theelepel **natrium-bicarbonaat**
½ theelepel **kaneel**
50 g **lichtbruine basterdsuiker**
50 g **boter**, in blokjes
¼ theelepel **vers gehakte milde rode pepertjes**
2 eetlepels **golden syrup**
100 g **pure chocolade**, fijngehakt

Meng alle droge ingrediënten in een mengkom of in de keukenmachine. Voeg de boter en pepertjes toe. Werk alles met uw vingertoppen door elkaar, of meng het geheel in de keukenmachine, tot het op broodkruimels lijkt.

Voeg de golden syrup toe. Meng eerst met een lepel; druk het deeg vervolgens met uw handen samen tot een bal.

Kneed de gehakte chocolade erdoor. Maak een staaf van het deeg. Snijd de staaf in 12 plakjes. Maak van elk plakje een bal. Leg deze op twee grote, ingevette bakplaten. Schuif één bakplaat per keer 8-10 minuten in het midden van een op 180 °C voorverwarmde oven, tot de koekjes bruin zijn en de bovenkant gescheurd is.

Laat de koekjes 1-2 minuten afkoelen. Maak de koekjes dan los en leg ze op een taartrooster. Deze koekjes smaken het best op de dag van bereiding. Ze zijn nog lekkerder als u ze warm serveert.

Voor chocolade-gemberkoekjes: bereid de koekjes op dezelfde wijze als hierboven beschreven. Vervang echter de pepertjes en kaneel door 2 eetlepels ingelegde stemgember.

pindakaaskoekjes

Voor **32 stuks**
Voorbereiding **10 minuten**
Bereiding **12 minuten**

125 g **boter**, op kamertemperatuur
150 g **donkerbruine basterdsuiker**
125 g **pindakaas met stukjes noot**
1 **ei**, licht geklopt
150 g **bloem**
½ theelepel **bakpoeder**
125 g **ongezouten pinda's**

Klop de boter en suiker in een mengkom of in de keukenmachine tot een lichte, romige massa. Voeg de pindakaas, het ei, de bloem en het bakpoeder toe. Roer tot alles goed gemengd is. Roer de pinda's erdoor.

Leg flinke theelepels van het mengsel op drie grote, licht met olie ingevette bakplaten. Laat 5 cm tussenruimte tussen elk koekje, zodat de koekjes tijdens het bakken goed uit kunnen zetten.

Druk de hoopjes voorzichtig plat. Bak de koekjes 12 minuten in een op 190 °C voorverwarmde oven, tot de randjes goudbruin zijn. Laat ze 2 minuten afkoelen op de bakplaat. Leg ze op een taartrooster en laat ze daar volledig afkoelen.

Voor koekjes met pindakaas en stukjes chocolade: gebruik maar 50 g ongezouten pinda's en voeg 50 g melkchocolade in stukjes toe. Bereid en bak de koekjes als hierboven beschreven.

rozijnenkoekjes met karwijzaad

Voor **14 stuks**
Voorbereiding **20 minuten**
Bereiding **8-10 minuten**

200 g **bloem**
1 theelepel **bakpoeder**
1 theelepel **karwijzaadjes**, iets geplet
geraspte schil van ½ **citroen**
75 g **fijne kristalsuiker**, plus extra voor het bestrooien
75 g **boter**, in blokjes
50 g **sultanarozijnen**
1 **ei**, geklopt
1-2 eetlepels **halfvolle melk**

Meng de bloem en het bakpoeder in een mengkom of in de keukenmachine. Voeg het karwijzaad, de citroenrasp en suiker toe. Voeg de boter toe. Werk deze met uw vingertoppen door de bloem, of meng het geheel in de keukenmachine, tot het deeg op broodkruimels lijkt.

Roer de rozijnen en het ei erdoor en zo veel melk dat er een zacht, maar niet-plakkerig deeg ontstaat.

Kneed het deeg lichtjes. Rol het vervolgens op een met bloem bestoven werkvlak uit tot een dikte van 5 mm. Steek cirkeltjes uit met een gekartelde uitsteekvorm van Ø7,5 cm. Leg de vormpjes op een ingevette bakplaat. Kneed de afsnijdsels opnieuw. Blijf rollen en vormpjes uitsteken tot al het deeg op is.

Prik met een vork in de koekjes. Bestrooi ze met wat kristalsuiker. Bak de koekjes 8-10 minuten in een op 180 °C voorverwarmde oven, tot ze licht goudbruin zijn. Laat de koekjes op een taartrooster afkoelen. Bewaar ze niet langer dan 5 dagen in een luchtdicht afgesloten bewaardoos.

Voor venkel-sinaasappelkoekjes: vervang de karwijzaadjes en citroenrasp in bovenstaand recept door 1 theelepel iets geplette venkelzaadjes en de geraspte schil van ½ kleine sinaasappel.

haverknappertjes met gember

Voor **25 stuks**
Voorbereiding **20 minuten**
Bereiding **24-30 minuten**

100 g **boter**
1 eetlepel **golden syrup**
100 g **fijne kristalsuiker**
1 theelepel **natrium-bicarbonaat**
1 theelepel **gemberpoeder**
2 eetlepels gehakte **ingelegde stemgember**
100 g **volkorenmeel**
125 g **havermout**

Doe de boter, golden syrup en suiker in een pan. Verwarm de inhoud zachtjes. Roer tot de boter is gesmolten en de suiker is opgelost. Haal de pan van het vuur. Roer het natriumbicarbonaat, gemberpoeder en gehakte gember erdoor. Voeg het meel en de havermout toe en meng goed.

Schep volle theelepels van het mengsel op drie licht met olie ingevette bakplaten. Laat voldoende tussenruimte tussen de koekjes, zodat ze tijdens het bakken nog kunnen uitzetten.

Bak één bakplaat per keer 8-10 minuten in het midden van een op 180 °C voorverwarmde oven, tot de koekjes knapperig en goudbruin zijn. Laat ze 1-2 minuten hard worden. Maak de koekjes los. Leg ze op een taartrooster en laat ze afkoelen. Bewaar ze maximaal 3 dagen in een luchtdicht afgesloten bewaardoos.

Voor sinaasappelknappertjes: laat de gehakte stemgember achterwege en gebruik in plaats daarvan de geraspte schil van ½ kleine sinaasappel.

gegrilde amandelkoekjes

Voor ca. **30 stuks**
Voorbereiding **20 minuten**
Bereiding **43-48 minuten**

2 **eieren**
100 g **fijne kristalsuiker**
200 g **bloem**
75 g **gemalen amandelen of hazelnoten**
1 flinke theelepel **bakpoeder**
geraspte schil van 2 **limoenen**
snufje **zout**
40 g **gepelde pistachenoten**, grof gehakt
25 g **hazelnoten**, gehakt

Klop de eieren en suiker in een mengkom tot een lichte, schuimige massa. Schep met een houten lepel geleidelijk de bloem, gemalen amandelen of hazelnoten, het bakpoeder, de citroenrasp en het zout erdoor.

Voeg de gehakte pistache- en hazelnoten toe. Kneed alles tot een soepel deeg. Vorm het deeg tot een dikke staaf van ca. 25 cm lang en 10 cm breed. Druk deze vervolgens iets plat met de palm van uw hand.

Leg het deeg op een ingevette bakplaat. Bak het 35-40 minuten in een op 180 °C voorverwarmde oven, tot de staaf licht goudbruin is. Haal hem uit de oven en laat hem 5 minuten afkoelen. Snijd de staaf dan met een kartelmes in plakken van ca. 5 mm dik.

Leg de amandelkoekjes meteen onder een voorverwarmde grill en rooster ze ca. 4 minuten aan elke kant, tot ze knapperig en goudbruin zijn. Laat de koekjes op een rooster afkoelen.

Voor amandelkoekjes met citroen en macadamianoot: gebruik de geraspte schil van 1 citroen in plaats van de limoenrasp en 65 g macadamianoten in plaats van de pistache- en hazelnoten.

kokos-pistachekoekjes

Voor **20 stuks**
Voorbereiding **25 minuten, plus koelen**
Bereiding **8-10 minuten**

150 g **boter**, op kamertemperatuur
150 g **fijne kristalsuiker**
geraspte schil van 1 **limoen**
1 **ei**
50 g **gedroogd, geraspt kokos**
200 g **bloem**
50 g **gepelde pistachenoten**, fijngehakt

Klop de boter en suiker door elkaar in een mengkom. Voeg de limoenrasp, het ei en kokos toe. Klop alles tot een glad mengsel. Roer de bloem er geleidelijk door.

Schep het mengsel op een stuk vetvrij bakpapier. Vorm het deeg tot een staaf van ca. 35 cm lang. Rol het deeg door de gehakte pistachenoten. Wikkel het vervolgens in het bakpapier en draai de uiteinden ineen. Zet het deeg ten minste 15 minuten of maximaal 3 dagen in de koelkast.

Verwijder het papier. Snijd de benodigde hoeveelheid koekjes af. Leg ze op een ingevette bakplaat. Bak ze 8-10 minuten in een op 180 °C voorverwarmde oven, tot ze licht goudbruin zijn. Laat ze 5 minuten afkoelen. Leg ze vervolgens op een taartrooster en laat ze volledig afkoelen. Deze koekjes smaken het best op de dag van bereiding.

Voor vanille-rietsuikerkoekjes: laat de limoen en het gedroogde kokos achterwege. Breng het mengsel op smaak met 1 theelepel vanille-essence. Rol het deeg door 4 eetlepels rietsuiker in plaats van door de pistachenoten. Snijd het deeg in plakken en bak het als hierboven beschreven.

plaatkoek

zandkoek met stukjes chocolade

Voor **12 repen**
Voorbereiding **15 minuten**
Bereiding **20-25 minuten**

150 g **bloem**
25 g **maismeel**
125 g **boter**, in blokjes
50 g **fijne kristalsuiker**
75 g **melkchocolade**, gehakt

Voor de garnering
wat **kaneel**
1 eetlepel **fijne kristalsuiker**

Doe de bloem en het maismeel in een mengkom of in de keukenmachine. Voeg de boter toe. Werk deze met uw vingertoppen door het meel, of meng het geheel in de keukenmachine, tot het deeg op broodkruimels lijkt. Roer de suiker en chocolade erdoor. Druk het deeg met uw handen samen tot een bal.

Druk het deeg in een niet-ingevette, ondiepe, vierkante bakvorm van 18 x 18 cm. Prik met een vork in de bovenkant. Meng de kaneel en suiker. Strooi de helft van het mengsel over het deeg. Bak de zandkoek 20-25 minuten in een op 160 °C voorverwarmde oven, tot hij licht goudbruin is.

Haal de bakvorm uit de oven. Snijd de koek in 12 repen. Bestrooi de repen met het resterende suiker-kaneelmengsel en laat ze afkoelen in de vorm voordat u ze loshaalt. Bewaar ze maximaal 5 dagen in een luchtdicht afgesloten bewaardoos.

Voor citroenzandkoekjes: voeg de geraspte schil van 1 citroen toe aan de bloem. Laat de melkchocolade en kaneel achterwege. Druk het zandkoekmengsel aan in een ondiepe, vierkante taartvorm en bak het zoals hierboven beschreven.

jimjams

Voor **9 vierkantjes**
Voorbereiding **10 minuten**
Bereiding **15-20 minuten**

- 125 g **boter**
- 125 g **golden syrup**
- 125 g **lichtbruine basterdsuiker**
- 125 g **havervlokken**
- 125 g **zelfrijzend (volkoren) bakmeel**
- 25 g **gedroogd, geraspt kokos**

Voor de garnering
- 3 eetlepels **aardbeienjam**
- 2 eetlepels **gedroogd, geraspt kokos**

Doe de boter, golden syrup en suiker in een pan. Verwarm de inhoud zachtjes tot alles net gesmolten is.

Haal de pan van het vuur. Roer de havervlokken, het meel en kokos erdoor. Giet het mengsel in een ondiepe bakvorm van 18 x 18 cm bekleed met antikleefpapier (zie blz. 11). Zorg dat het deeg gelijkmatig verdeeld is.

Bak de koek 15-20 minuten in een op 180 °C voorverwarmde oven, tot hij goudbruin is. Laat hem 10 minuten afkoelen. Teken 9 vierkantjes af. Bestrijk de koek met jam en bestrooi hem met kokos. Laat de koek volledig afkoelen.

Haal het papier uit de vorm. Snijd de vierkantjes helemaal door en verwijder het papier. Bewaar de jimjams maximaal 3 dagen in een luchtdicht afgesloten bewaardoos.

Voor haverkoekjes met marmelade: roer 2 eetlepels marmelade met stukjes door het havermengsel alvorens het deeg in de ingevette bakvorm over te doen. Bestrijk de haverkoekjes zodra ze uit de oven komen met wat marmelade. Laat het gedroogde kokos achterwege.

energierepen

Voor **16 repen**
Voorbereiding **15 minuten**
Bereiding **25-30 minuten**

200 g **boter**
150 g **lichtbruine basterdsuiker**
4 eetlepels **golden syrup**
100 g **gemengde zaden** (zoals sesamzaad, zonnebloempitten, pompoenpitten, hennep, lijnzaad)
50 g **hele amandelen met bruin vlies**
50 g **hazelnoten**
1 **dessertappel**, ontdaan van klokhuis, in blokjes, maar ongeschild
1 kleine **banaan**, gepeld en grof gepureerd
200 g **havervlokken**

Doe de boter, suiker en golden syrup in een pan. Verwarm de ingrediënten zachtjes tot ze net gesmolten zijn. Haal de pan van het vuur. Roer de resterende ingrediënten erdoor. Giet het mengsel in een bakblik van 18 x 28 cm bekleed met antikleefpapier (zie blz. 11). Zorg dat het deeg gelijkmatig is verdeeld.

Bak de koek 25-30 minuten in een op 180 °C voorverwarmde oven, tot hij goudbruin is en de randjes net donker beginnen te worden. Laat de koek 10 minuten afkoelen. Teken 16 repen af en laat de koek volledig afkoelen.

Haal het bakpapier uit het bakblik. Snijd de repen los en verwijder het papier. Bewaar de repen maximaal 3 dagen in een luchtdicht afgesloten bewaardoos. Deze repen zijn ware 'energiebommen' en daarom uitstekend geschikt als lunch.

Voor fruitige mueslirepen: laat de amandelen, hazelnoten en havervlokken achterwege en vervang deze door 300 g muesli met fruit.

polentacake met kers en amandel

Voor **14 repen**
Voorbereiding **25 minuten**
Bereiding **25-30 minuten**

175 g **boter**, op kamertemperatuur
175 g **fijne kristalsuiker**
3 **eieren**, geklopt
75 g **snelkookpolenta** (kooktijd 1 minuut)
125 g **gemalen amandelen**
1 theelepel **bakpoeder**
geraspte schil en het sap van ½ **citroen**
425 g **ontpitte zwarte kersen** (pot of blik), uitgelekt
15 g **amandelschaafsel**
gezeefde **poedersuiker**, als garnering

Klop de boter en suiker in een mengkom tot een lichte, romige massa. Roer om en om 1 eetlepel ei en 1 eetlepel polenta erdoor. Roer de gemalen amandelen, het bakpoeder, de citroenrasp en het citroensap erdoor.

Schep het mengsel in een ingevet bakblik van 18 x 28 cm. Strooi de kersen over het deeg, gevolgd door het amandelschaafsel.

Bak de cake 25-30 minuten in een op 180 °C voorverwarmde oven, tot hij goed gerezen is, goudbruin kleurt en veerkrachtig aanvoelt als u erop drukt.

Laat de cake in het bakblik afkoelen. Bestrooi hem met de gezeefde poedersuiker. Verdeel de cake in 14 repen. Bewaar de repen cake maximaal 2 dagen in een luchtdicht afgesloten bewaardoos.

Voor polentacake met pruimen en hazelnoten:

vervang de gemalen amandelen door dezelfde hoeveelheid geroosterde, fijngehakte hazelnoten. Bedek de bovenkant van de cake met 400 g rode pruimen, ontdaan van pit en in stukjes, in plaats van kersen. Bestrooi de cake met wat (ongeroosterde) hazelnoten in plaats van amandelschaafsel.

chocoladebrownies met rum

Voor **20 stuks**
Voorbereiding **30 minuten,
 plus weken en uitharden**
Bereiding **25-30 minuten**

3 eetlepels **witte of donkere rum**
100 g **rozijnen**
250 g **pure chocolade**, in stukjes
250 g **boter**
4 **eieren**
200 g **fijne kristalsuiker**
75 g **zelfrijzend bakmeel**
1 theelepel **bakpoeder**
100 g **witte of melkchocolade**

Verwarm de rum. Voeg de rozijnen toe en laat ze minimaal 2 uur of een nacht weken.

Verwarm de pure chocolade en boter voorzichtig in een pan tot ze allebei zijn gesmolten. Klop ondertussen de eieren en suiker in een kom met een elektrische mixer tot een dik mengsel waarin de kloppers een spoor achterlaten als u de mixer optilt.

Spatel de warme chocolade en boter door de ei-suikermassa. Zeef het meel en bakpoeder erboven en spatel ze erdoor. Giet het beslag in een met antikleefpapier bekleed bakblik van 18 x 28 cm. Zorg dat het beslag ook in de hoekjes zit. Schep de in rum geweekte rozijnen erover.

Bak de koek 25-30 minuten in een op 180 °C voorverwarmde oven, tot hij goed gerezen is, de bovenkant knapperig en gescheurd is en het midden nog een beetje zacht is. Laat de koek afkoelen in het bakblik.

Haal de koek uit het blik. Smelt de melkchocolade in een hittebestendige kom boven een pan zacht kokend water. Giet de chocolade vervolgens over de koek. Laat de chocolade uitharden. Snijd de koek in 20 stukken. Verwijder het bakpapier en bewaar de brownies maximaal 3 dagen in een luchtdicht afgesloten bewaardoos.

Voor brownies met 3 soorten chocolade: laat de in rum geweekte rozijnen achterwege en strooi in plaats daarvan 100 g fijngehakte melkchocolade en 100 g fijngehakte witte chocolade over het mengsel net voordat het de oven in gaat. Bak de brownies zoals hierboven beschreven, maar laat het laagje gesmolten chocolade achterwege.

blondies met abrikoos

Voor **20 stuks**
Voorbereiding **25 minuten**
Bereiding **25-30 minuten**

300 g **witte chocolade**
125 g **boter**
3 **eieren**
175 g **fijne kristalsuiker**
1 theelepel **vanille-essence**
175 g **zelfrijzend bakmeel**
1 theelepel **bakpoeder**
125 g **gedroogde abrikozen**, gehakt

Breek de helft van de chocolade in stukjes. Leg ze in een pan met de boter. Verwarm de inhoud zachtjes tot deze gesmolten is. Breek de resterende chocolade in blokjes.

Klop in een kom de eieren, suiker en vanille in ca. 5 minuten met een elektrische mixer tot een dik, schuimig mengsel waarin de kloppers een spoor achterlaten als u de mixer optilt. Spatel de gesmolten chocolade door het mengsel, gevolgd door het meel en bakpoeder. Spatel voorzichtig de helft van de blokjes chocolade en de gehakte abrikozen door het beslag.

Giet het beslag in een met antikleefpapier bekleed bakblik van 18 x 28 cm en zorg dat het beslag ook in de hoekjes zit. Bestrooi met de resterende chocolade en abrikozen. Bak de blondies 25-30 minuten in een op 180 °C voorverwarmde oven, tot ze goed gerezen zijn, de bovenkant knapperig is en het midden nog iets zacht is.

Laat de blondies afkoelen in de vorm. Haal ze uit de vorm met behulp van het bakpapier. Snijd ze in 20 kleine stukken. Verwijder het papier. Bewaar de blondies maximaal 3 dagen in een luchtdicht afgesloten bewaardoos.

Voor blondies met cranberry: volg het recept maar vervang de abrikozen door 75 g gedroogde cranberry's. Dit is een overheerlijke seizoenstraktatie.

tropische gembercake

Voor **20 vierkantjes**
Voorbereiding **30 minuten**
Bereiding **25 minuten**

150 g **boter**
125 g **lichtbruine basterdsuiker**
3 eetlepels **golden syrup**
250 g **zelfrijzend bakmeel**
1 theelepel **bakpoeder**
3 theelepels **gemberpoeder**
50 g **gedroogd, geraspt kokos**
3 **eieren**, geklopt
200 g **ananasschijven** (blik), uitgelekt en in stukjes

Voor het limoenglazuur
100 g **boter**, op kamertemperatuur
200 g gezeefde **poedersuiker**
geraspte schil en het sap van 1 **limoen**
gedroogde papaja en abrikoos, in blokjes
beetje **gedroogd kokosschaafsel**, voor het bestrooien

Verwarm de boter, suiker en golden syrup zachtjes in een pan. Roer tot alles is gesmolten.

Meng de droge ingrediënten in een mengkom. Roer vervolgens het botermengsel erdoor. Klop alles glad. Roer de eieren en stukjes ananas erdoor. Bewaar eventueel een paar stukjes ananas als garnering.

Giet het mengsel in een ingevette, met vetvrij bakpapier bekleed bakblik van 18 x 28 cm. Strijk de bovenkant glad.

Bak de cake ca. 20 minuten in een op 180 °C voorverwarmde oven, tot hij goed gerezen is en de cake veerkrachtig aanvoelt als u erop drukt. Laat de cake 10 minuten afkoelen in de vorm. Maak de randjes los. Draai de cake om op een taartrooster. Verwijder het bakpapier.

Bereid het limoenglazuur. Klop de boter, poedersuiker, de helft van de limoenrasp en het sap tot een glad, luchtig mengsel. Draai de cake om zodat de onderkant boven ligt. Bestrijk hem met het limoenglazuur. Garneer de cake met de resterende limoenrasp, de gedroogde vruchten en het kokosschaafsel. Bewaar de cake maximaal 2 dagen in een luchtdicht afgesloten bewaardoos. Snijd de cake voor het opdienen in 20 stukken.

Voor wortel-rozijncake: volg het recept maar laat het gemberpoeder achterwege. Voeg 150 g geschilde en geraspte wortel en 75 g sultanarozijnen toe in plaats van de ananas en het kokos. Gebruik de geraspte schil en het sap van ½ sinaasappel voor het glazuur in plaats van de limoen.

chocoladetaart met fruit

Voor **8 personen**
Voorbereiding **25 minuten**
Bereiding **30-35 minuten**

175 g **boter**, op kamertemperatuur
175 g **fijne kristalsuiker**
3 **eieren**, geklopt
125 g **zelfrijzend bakmeel**
75 g **zelfrijzend volkoren bakmeel**
25 g **cacaopoeder**
geraspte schil en 2 eetlepels sap van **1 sinaasappel**
4 kleine **Conference-peren**, geschild, gehalveerd en ontdaan van klokhuis

Voor de garnering
gezeefde **poedersuiker**, voor het bestrooien
wat geraspte **chocolade**
wat geraspte **sinaasappelschil**

Klop de boter en suiker in een mengkom tot een licht en luchtig geheel. Meng om en om 1 eetlepel geklopt ei en 1 eetlepel meel erdoor tot alles is toegevoegd en het beslag glad is. Roer de cacao, sinaasappelrasp en het sap erdoor. Schep het beslag in een met antikleefpapier bekleed bakblik van 18 x 28 cm (zie blz. 11). Strijk de bovenkant glad.

Snijd elke peer half door in lange, dunne plakken. Trek ze iets uit elkaar als een waaier, maar zorg dat de originele vorm behouden blijft. Leg de peren voorzichtig boven op de taart in twee rijen van vier.

Bak de taart 30-35 minuten in een op 180 °C voorverwarmde oven, tot de taart goed gerezen is en veerkrachtig aanvoelt als u erop drukt.

Haal de taart uit de vorm met behulp van het bakpapier. Snijd de taart in 8 stukken. Verwijder het papier. Bestrooi de taart met poedersuiker en dan met wat geraspte chocolade en sinaasappelrasp. Serveer de taart warm of koud, bijvoorbeeld warm met ijs of vla als nagerecht. Bewaar de taart maximaal 2 dagen in een luchtdicht afgesloten bewaardoos.

Voor peervierkantjes met honing: vervang de fijne kristalsuiker door 150 g dikke, stevige honing. Laat de cacao achterwege en voeg een extra 125 g zelfrijzend volkoren bakmeel toe. Besprenkel de peren in de gebakken taart met wat honing en strooi er wat gezeefde poedersuiker over.

kruimeltaart met appel en bramen

Voor **16 repen**
Voorbereiding **30 minuten**
Bereiding **45 minuten**

175 g **boter**, op kamertemperatuur
175 g **fijne kristalsuiker**
3 **eieren**, geklopt
200 g **zelfrijzend bakmeel**
1 theelepel **bakpoeder**
geraspte schil van 1 **citroen**
500 g **kookappels**, ontdaan van klokhuis, geschild en dungesneden
150 g **diepvriesbramen**, net ontdooid

Voor het kruimeldeeg
75 g **zelfrijzend bakmeel**
75 g **muesli**
50 g **fijne kristalsuiker**
75 g **boter**, in blokjes

Meng de boter en suiker in een mengkom tot een lichte, romige massa. Meng om en om 1 eetlepel geklopt ei en 1 eetlepel meel erdoor tot alles is toegevoegd en het beslag glad is. Roer het bakpoeder en de citroenrasp erdoor. Schep het mengsel in een met antikleefpapier bekleed bakblik van 18 x 28 cm (zie blz. 11). Strijk de bovenkant glad. Garneer het beslag met de plakjes appel en de bramen.

Bereid het kruimeldeeg. Doe het meel, de muesli en suiker in een mengkom. Voeg de boter toe en werk deze met uw vingertoppen door het meel tot het deeg op broodkruimels lijkt. Strooi het kruimeldeeg over het fruit. Bak de taart ca. 45 minuten in een op 180 °C voorverwarmde oven, tot het kruimeldeeg goudbruin is en een satéprikker die u in het midden van de taart steekt, er droog uit komt.

Laat de taart afkoelen in de vorm. Haal de taart met behulp van het bakpapier uit de vorm. Snijd de taart in 16 repen. Verwijder het bakpapier. Bewaar de repen maximaal 2 dagen in een luchtdicht afgesloten bewaardoos.

Voor kruimeltaart met appel, gedroogd fruit en noten: vervang de diepvriesbramen in het recept door dezelfde hoeveelheid gedroogd fruit en noten. Strooi dit over het kruimeldeeg. Strooi er tevens 25 g amandelschaafsel over. Bak de taart zoals hierboven beschreven.

bananenrepen met glacé

Voor **16 repen**
Voorbereiding **30 minuten**
Bereiding **25-30 minuten**

- 175 g **boter**, op kamertemperatuur
- 175 g **fijne kristalsuiker**
- 3 **eieren**, geklopt
- 250 g **zelfrijzend bakmeel**
- 1 theelepel **bakpoeder**
- 2 **bananen**, ca. 175 g per stuk met schil, gepeld en grofweg geprakt

Voor het glazuur
- 50 g **boter**
- 25 g **cacaopoeder**
- 250 g **poedersuiker**
- 1-2 eetlepels **melk**
- **suikerfiguurtjes en gekleurde decoratiesuiker**, voor de garnering

Meng de boter en suiker in een mengkom tot een lichte, romige massa. Meng om en om 1 eetlepel geklopt ei en 1 eetlepel meel erdoor tot alles is toegevoegd en het beslag glad is. Voeg het bakpoeder en de geprakte banaan toe. Meng alles goed.

Schep het beslag in een met antikleefpapier bekleed bakblik van 18 x 28 cm. Strijk de bovenkant glad. Bak de koek 25-30 minuten in een op 180 °C voorverwarmde oven, tot hij goed gerezen is, goudbruin kleurt en veerkrachtig aanvoelt als u erop drukt. Laat de koek afkoelen in de vorm.

Bereid het glazuur. Smelt de boter in een kleine pan. Roer de cacao erdoor. Laat de inhoud 1 minuut zachtjes borrelen. Haal de pan dan van het vuur en meng de poedersuiker erdoor. Zet de pan weer op het vuur en verwarm de inhoud zachtjes. Roer tot alles gesmolten en glad is. Voeg voldoende melk toe voor een glad, smeerbaar glazuur.

Schenk het glazuur over de koek. Strijk de bovenkant glad met een glaceermes. Bestrooi de koek met de suikerfiguurtjes en decoratiesuiker. Laat het glazuur goed uitharden. Haal de koek uit de vorm met behulp van het bakpapier, snijd de koek in 16 repen en verwijder het bakpapier. Bewaar de repen maximaal 3 dagen in een luchtdicht afgesloten bewaardoos.

Voor banaan-limoenrepen: bereid de koek zoals hierboven beschreven maar gebruik het limoenglazuur van de Tropische gembercake op blz. 122 in plaats van bovenstaand glazuur.

omgekeerde cakejes met fruit

Voor **20 stuks**
Voorbereiding **30 minuten**
Bereiding **30-35 minuten**

1 grote **mango**
4 eetlepels **abrikozenjam**
geraspte schil en het sap van
  2 **limoenen**
2 **kiwi's**, in plakjes
250 g **margarine**, zacht
125 g **fijne kristalsuiker**
125 g **lichtbruine basterdsuiker**
250 g **zelfrijzend bakmeel**
4 **eieren**

Snijd een dikke plak van elke kant van de mango om de pit bloot te leggen. Snijd het vruchtvlees van de pit en snijd het in plakjes.

Meng de abrikozenjam met het sap van 1 limoen. Schep dit in een met antikleefpapier bekleed bakblik van 18 x 28 cm (zie blz. 11). Leg de plakjes mango en kiwi willekeurig op het mengsel.

Doe de limoenrasp en het resterende sap in een mengkom of in de keukenmachine. Voeg de overige ingrediënten toe. Meng alles tot een glad geheel. Schep het mengsel over het fruit. Strijk de bovenkant glad. Bak de koek 30-35 minuten in een op 180 °C voorverwarmde oven, tot hij goed gerezen is, goudbruin kleurt en veerkrachtig aanvoelt als u erop drukt.

Laat de koek 10 minuten in de vorm afkoelen. Stort hem daarna op een taartrooster. Verwijder de vorm en het bakpapier. Laat de koek volledig afkoelen en snijd hem dan in 20 'cakejes'. Serveer ze warm met wat geklopte slagroom. Deze cakejes smaken het best op de dag van bereiding.

Voor omgekeerde cakejes met abrikoos en cranberry: schep cranberrysaus op de bodem van het bakblik in plaats van de abrikozenjam. Bedek de saus met 425 g abrikooshelften uit blik, uitgelekt en in reepjes gesneden, in plaats van het verse fruit. Laat de limoenrasp en het -sap achterwege en gebruik in plaats daarvan de geraspte schil van 1 sinaasappel. Volg verder het recept.

pruimen-zonnebloemvierkantjes

Voor **16 stuks**
Voorbereiding **25 minuten**
Bereiding **30-35 minuten**

250 g **ontpitte gedroogde pruimen**,
 grof gehakt
1 theelepel **vanille-essence**
2 dl **water**
150 g **boter**
100 g **fijne kristalsuiker**
2 eetlepels **golden syrup**
100 g **zelfrijzend bakmeel**
150 g **havermout**
40 g **zonnebloempitten**

Voor de garnering
3 eetlepels **havermout**
2 eetlepels **zonnebloempitten**

Doe de pruimen, vanille en het water in een kleine pan. Laat de inhoud 5 minuten onafgedekt zachtjes pruttelen, tot alles moesachtig is en het water is opgenomen.

Verwarm de boter, suiker en golden syrup in een grotere pan tot alles gesmolten is. Roer het meel, de havermout en zonnebloempitten erdoor. Roer tot alles goed gemengd is.

Schep drie vierde van het mengsel in een ondiep, met antikleefpapier bekleed vierkant bakblik van 20 x 20 cm (zie blz. 11). Strijk de bovenkant glad. Bedek het mengsel met de pruimenmoes. Schep er een dunne laag van het resterende havermoutmengsel over. Garneer met de extra havermout en zonnebloempitten. Bak de koek 25-30 minuten in een op 180 °C voorverwarmde oven, tot hij goudbruin is.

Laat de koek 10 minuten in het blik afkoelen. Teken 16 stukken af. Laat hem volledig afkoelen. Haal de cake uit het blik met behulp van het bakpapier. Verwijder het papier. Snijd de koek in vierkantjes. Bewaar ze maximaal 3 dagen in een luchtdicht afgesloten bewaardoos.

Voor dadel-appelvierkantjes: kook 150 g eetklare gedroogde dadels met 1 moesappel, ontdaan van klokhuis en in stukjes, in 2 dl water. Gebruik deze moes in plaats van de pruimen en vanille. Giet eventueel overtollig vocht af voordat u het havermoutmengsel toevoegt. Volg verder het recept.

zandkoek met chocolade en karamel

Voor **15 porties**
Voorbereiding **20 minuten**, plus koelen
Bereiding **15 minuten**

100 g **boter**, op kamertemperatuur
50 g **fijne kristalsuiker**
100 g **bruine rijstebloem** (natuurvoedingswinkel)
100 g **maismeel**

Voor de karamel
100 g **boter**
50 g **lichtbruine basterdsuiker**
ca. 400 g **gecondenseerde melk** (blik)

Voor het glazuurlaagje
100 g **witte chocolade**, in stukjes
100 g **pure chocolade**, in stukjes

Klop de boter en suiker in een mengkom tot een lichte, romige massa. Roer de rijstebloem en het maismeel erdoor en meng alles goed. Giet het mengsel in een bakblik van 18 x 28 cm en zet dat 10-12 minuten in een op 200 °C voorverwarmde oven, tot de inhoud goudbru n is.

Doe oncertussen de ingrediënten voor de karamel in een pan met dikke bodem. Zet de pan op laag vuur tot de suiker is opgelost. Laat de inhoud 5 minuten zachtjes koken. Blijf roeren tot het mengsel licht begint te verkleuren. Haal de pan van het vuur en laat de inhoud iets afkoelen. Schenk de karamel over de zandkoekbodem en laat het geheel volledig afkoelen.

Smelt de witte en pure chocolade in aparte hittebestendige kommetjes boven twee pannen met zacht kokend water. Zodra de karamel stevig is, schept u om en om 1 eetlepel witte en 1 eetlepel pure chocolade over de karamel. Tik met het bakblik op het werkvlak zodat de chocolades zich gaan mengen. Maak met een mes krullen in de chocolade. Zet het bakblik in de koelkast tot de inhoud stijf is. Snijd de zandkoek in 15 stukken.

Voor zandkoek met karamel en pijnboompitten:
volg het recept maar roer 50 g pijnboompitten door de karamel net voordat u deze over de zandkoekbodem schenkt. Gebruik 200 g gesmolten pure chocolade voor het glazuurlaagje.

prachtige taarten

meringuetaartje met aardbei

Voor **8 personen**
Voorbereiding **40 minuten**
Bereiding **35-45 minuten**

4 **eiwitten**
¼ theelepel **wijnsteenpoeder (cremortart)**
125 g **lichtbruine basterdsuiker**
100 g **fijne kristalsuiker**
1 theelepel **wittewijnazijn**
50 g **walnoot**, licht geroosterd en gehakt

Voor de vulling
2 dl **slagroom**
250 g **aardbeien**

Klop de eiwitten en het wijnsteenpoeder in een grote, schone kom stijf. Meng de suikers. Klop deze geleidelijk door het eiwit tot alles is toegevoegd. Klop het geheel nog een paar minuten extra tot het meringuemengsel dik en glanzend is. Spatel de walnoten erdoor.

Verdeel het meringuemengsel gelijkmatig over twee ingevette taartblikken van Ø20 cm bekleed met antikleefpapier. Strijk de bovenkant glad. Breng krullen aan met de achterkant van een lepel. Bak de meringues 35-45 minuten in een op 150 °C voorverwarmde oven, tot ze lichtbruin en knapperig zijn. Maak de zijkanten los. Laat ze afkoelen in het bakblik.

Maak de zijkanten van de meringues opnieuw los. Draai ze om op twee schone theedoeken. Verwijder het bakpapier. Leg een van de meringues op een bord.

Klop de slagroom redelijk stijf. Schep driekwart van de room op de meringues. Halveer de 8 kleinste aardbeien en houd ze even apart. Verwijder de kroontjes. Snijd de resterende aardbeien in plakjes. Leg ze op de slagroom. Leg de andere meringue erop. Garneer het taartje met de resterende slagroom en de achtergehouden halve aardbeien. Serveer het taartje binnen 2 uur na bereiding.

Voor een meringuetaartje met chocolade en tamme kastanjes: meng 2 eetlepels cacaopoeder door het meringuemengsel net voordat u de noten toevoegt. Bak de meringues zoals beschreven. Vervang de aardbeien en slagroomvulling door 1,5 dl slagroom gemengd met 220 g gezoete kastanjepuree uit blik. Garneer het taartje met chocoladekrullen.

chocolade-rumtaart

Voor **16 personen**
Voorbereiding **15 minuten**
Bereiding **25-30 minuten**

150 g **pure chocolade**, in stukjes
geraspte schil en het sap van **1 sinaasappel**
een paar druppels **rumessence** (naar keuze)
150 g **boter**, op kamertemperatuur
150 g **fijne kristalsuiker**
4 **eieren**, gesplitst
150 g **gemalen amandelen**

Voor het chocoladeglazuur
150 g **pure chocolade**, in stukjes
100 g **boter**

Voor de garnering
8-16 **gesuikerde vioolblaadjes** (naar keuze, zie blz. 144)

Verwarm de chocolade, sinaasappelrasp, het sap en desgewenst de rumessence in een hittebestendige kom boven een pan zacht kokend water tot de chocolade is gesmolten.

Doe de boter en suiker, op 1 eetlepel suiker na, in een grote mengkom en klop dit tot een lichte, romige massa. Klop de eidooiers erdoor, één per keer, gevolgd door de gesmolten chocolademassa.

Klop de eiwitten in een grote, schone kom bijna stijf, voeg de resterende eetlepel suiker toe en klop het mengsel nu geheel stijf. Spatel de eiwitten door het chocolademengsel, samen met de amandelen. Schep alles in twee ingevette, met bakpapier beklede taartblikker van Ø20 cm.

Bak de taarthelften 20-25 minuten in een op 180 °C voorverwarmde oven, tot de randen goed doorbakken zijn maar de binnenkant van de taarten nog niet helemaal gaar zijn. Haal de taarten uit de oven. Laat ze een paar minuten afkoelen in het blik. Stort ze dan voorzichtig op een taartrooster.

Smelt voor het chocoladeglazuur de chocolade als hierboven beschreven. Klop de boter erdoor, 1 eetlepel per keer, tot hij gesmolten is. Haal de pan van het vuur. Klop het mengsel zo nu en dan tot het is afgekoeld. Als het glazuur te dun is, zet de kom dan even in de koelkast tot het wat steviger is. Bestrijk het midden en de bovenkant van de afgekoelde taart met het chocolademengsel. Garneer de taart desgewenst met gesuikerde viooltjes.

appelmoestaart

Voor **8 personen**
Voorbereiding **30 minuten**
Bereiding **40-45 minuten**

2 **kookappels**, ca. 250 g per stuk, ontdaan van klokhuis, geschild, in dunne schijfjes
2 eetlepels **water**
wat **citroensap**
250 g **bloem**
2½ theelepel **bakpoeder**
1 theelepel **kaneel**
½ theelepel **gemberpoeder**
¼ theelepel **nootmuskaat**
150 g halfvolle **boter**
175 g **fijne kristalsuiker**
3 **eieren**, geklopt

Doe de helft van de schijfjes appel in een kleine pan met het water. Dek de pan af en laat de appels 5 minuten zachtjes pruttelen, tot ze moesachtig zijn. Leg de resterende appelschijfjes in een kom met koud water en wat citroensap.

Meng de bloem, het bakpoeder, de helft van de kaneel en alle gember en nootmuskaat in een mengkom.

Klop de boter met 150 g suiker in een andere kom. Meng om en om 1 eetlepel geklopt ei en 1 eetlepel bloemmengsel door de botermassa, tot alles is toegevoegd en het beslag glad is. Roer de gekookte appel erdoor.

Schenk het beslag in een licht ingevette springvorm van Ø23 cm. Strijk de bovenkant glad. Laat de resterende appels goed uitlekken. Leg de schijfjes appel in een cirkel boven op het taartbeslag. Bestrooi de taart met de resterende suiker en kaneel. Bak de taart 35-40 minuten in een op 180 °C voorverwarmde oven, tot hij goed gerezen is en een satéprikker die u in het midden van de taart steekt er droog uit komt.

Serveer de taart als hij nog warm is, zó of met crème fraîche, yoghurt of vla.

Voor een kruidige perentaart: bereid de taart met dezelfde hoeveelheid peren, 1 theelepel gemberpoeder en ½ theelepel kaneel. Bestrooi de taart met de helft van de gember en de suiker.

chocoladetaart met zoete aardappel

Voor **12-14 personen**
Voorbereiding **40 minuten**, plus opstijven
Bereiding **40-45 minuten**

200 g **zelfrijzend bakmeel**
50 g **cacaopoeder**
1 theelepel **natriumbicarbonaat**
175 g **boter**
175 g **lichtbruine basterdsuiker**
3 **eieren**, geklopt
400 g **zoete aardappelen**, gekookt, uitgelekt en fijngestampt met 3 eetlepels melk
40 g gehakte **gesuikerde of gekonfijte gember**

Voor het glazuur
150 g **pure chocolade**
2 eetlepels **lichtbruine basterdsuiker**
2 dl **crème fraîche**

Voor de garnering
25 g gehakte **gesuikerde of gekonfijte gember**
gesuikerde rozen- of viooltjesblaadjes (naar keuze, zie blz. 144)

Meng het meel, cacaopoeder en natriumbicarbonaat in een kom. Klop de boter en suiker in een mengkom tot een lichte, romige massa. Meng om en om 1 eetlepel geklopt ei en 1 eetlepel meelmengsel door de botermassa, tot alles is toegevoegd en het beslag glad is. Roer de fijngestampte zoete aardappelen en gember erdoor.

Schenk het beslag in een ingevette en met bakpapier beklede springvorm van Ø23 cm. Strijk de bovenkant glad. Bak de taart 45-50 minuten in een op 160 °C voorverwarmde oven, tot hij gerezen is en de bovenkant gewelfd en gebarsten is. Steek een satéprikker in het midden van de taart: als deze er droog uit komt, is de taart klaar.

Laat de taart 15 minuten afkoelen in de vorm (schrik niet als de taart iets inzakt). Stort de taart op een taartrooster. Verwijder het bakpapier. Laat de taart volledig afkoelen.

Bereid het glazuur. Smelt de chocolade en lichtbruine basterdsuiker in een hittebestendige kom boven een pan zacht kokend water. Haal de pan van het vuur. Voeg de crème fraîche toe en roer alles tot een gladde, glanzende massa. Laat het mengsel eventueel 10-30 minuten afkoelen, tot het glazuur dik genoeg is om te smeren. Bestrijk de boven- en zijkant van de taart ermee. Maak krullen met een mes.

Strooi de gember en desgewenst de gesuikerde bloemblaadjes over de taart. Laat de taart opstijven.

Voor een chocolade-brandewijntaart: laat de gember achterwege. Besprenkel de gebakken taart met 3 eetlepels brandewijn voordat u het glazuur aanbrengt. Garneer de taart met chocoladekrullen.

luchtige citroentaart

Voor **8 personen**
Voorbereiding **30 minuten**
Bereiding **25-30 minuten**

50 g **bloem**
fijn geraspte schil van
½ **citroen**
6 **eiwitten**
snufje **zout**
¾ theelepel **wijnsteenpoeder (cremortart)**
200 g **fijne kristalsuiker**
gesuikerde rozenblaadjes of viooltjes, als garnering
(naar keuze)

Voor het glazuur
150 g **lemon curd**
(jamafdeling supermarkt)
1,25 dl **zure room**

Zeef de bloem boven een kom. Roer de citroenrasp erdoor. Zet de kom even weg.

Klop de eiwitten, het zout en wijnsteenpoeder in een grote, schone kom tot een stijf, maar vochtig uitziend geheel. Klop geleidelijk de suiker, 1 eetlepel per keer, erdoor, tot alles is toegevoegd. Klop nog een paar minuten extra tot het meringuemengsel dik en glanzend is.

Spatel voorzichtig het bloemmengsel met een metalen lepel in een achtjesvorm door het meringuemengsel. Giet het mengsel in een tulbandvorm van Ø20-23 cm met gladde bodem en wand. Bak de taart 25-30 minuten in een op 190 °C voorverwarmde oven, tot hij goed gerezen is, goudbruin kleurt en veerkrachtig aanvoelt als u erop drukt.

Draai de taart om op een taartrooster. Laat hem volledig afkoelen. Zodra de taart afkoelt, zal hij vanzelf uit de vorm vallen. Meng zodra de taart is afgekoeld de lemon curd en zure room. Bestrijk de taart met dit mengsel. Bestrooi de taart desgewenst met gesuikerde rozenblaadjes of viooltjes.

Voor het suikeren van eetbare bloemen, zoals de blaadjes van onbespoten rozen of viooltjes, bestrijkt u de – schone! – bloemen met eiwit. Bestrooi ze met wat fijne kristalsuiker. Laat de blaadjes ten minste 30 minuten drogen alvorens ze te gebruiken als garnering.

Voor een luchtige limoentaart: vervang de geraspte citroenschil door de fijn geraspte schil van 1 limoen. Gebruik zo mogelijk limoenconfituur in plaats van lemon curd voor het glazuur.

kruimeltaart met pruim en amandel

Voor **12 personen**
Voorbereiding **35 minuten**
Bereiding **1 uur-1 uur en 10 minuten**

Voor het kruimeldeeg
25 g **zelfrijzend bakmeel**
25 g **fijne kristalsuiker**
25 g **boter**, in blokjes
40 g **amandelschaafsel**

Voor de taart
175 g **boter**, op kamertemperatuur
175 g **fijne kristalsuiker**
3 **eieren**, geklopt
175 g **zelfrijzend bakmeel**
1 theelepel **bakpoeder**
50 g **gemalen amandelen**
½ theelepel **amandelessence**
400 g **rode pruimen**, gehalveerd, ontpit en in dikke plakken
gezeefde **poedersuiker**, als garnering

Bereid het kruimeldeeg. Doe het meel en de suiker in een kleine kom. Voeg de boter toe en werk deze met uw vingertoppen door het meel tot het deeg op broodkruimels lijkt. Roer het amandelschaafsel erdoor.

Maak het taartbeslag. Klop de boter en suiker in een mengkom tot een lichte, romige massa. Meng om en om 1 eetlepel geklopt ei en 1 eetlepel meel erdoor tot alles is toegevoegd en het beslag glad is. Roer het bakpoeder, de amandelen en amandelessence erdoor.

Schep het beslag in een springvorm van Ø23 cm waarvan de bodem en wanden zijn bekleed met antikleefpapier. Strijk de bovenkant glad. Leg de plakjes pruim willekeurig boven op de taart. Strooi daar het kruimeldeeg over.

Bak de taart 1 uur-1uur en 10 minuten in een op 180 °C voorverwarmde oven, tot een satéprikker die u in het midden van de taart steekt er droog uit komt. Bedek de taart losjes met aluminiumfolie halverwege de baktijd als de bovenkant te snel bruin wordt.

Laat de taart 15 minuten in de vorm afkoelen. Verwijder de vorm en laat de taart volledig afkoelen. Verwijder het bakpapier zodra u de taart gaat opdienen. Leg hem op een bord, bestrooi de bovenkant met gezeefde poedersuiker en snijd de taart in stukken. Serveer de taart eventueel warm met een schep geklopte slagroom of vanille-ijs. Consumeer de taart binnen 2 dagen.

Voor kruimeltaart met pêche melba: volg het basisrecept maar vervang de pruimen door 2 gesneden verse perziken en 100 g frambozen.

engeltjestaart

Voor **8 personen**
Voorbereiding **1½ uur, plus 1 nacht drogen**
Bereiding **1-1¼ uur**

175 g **margarine**, zacht
175 g **fijne kristalsuiker**
3 **eieren**, geklopt
250 g **zelfrijzend bakmeel**
fijn geraspte schil van 2 **limoenen**
het sap van 1½ **limoen**
100 g **boter**, op kamertemperatuur
250 g **poedersuiker**, plus extra voor het bestrooien
4 eetlepels **frambozenjam**
450 g **witte rolfondant**
250 g **eetbare 'boetseerpasta'** (of rolfondant)
goudkleurige voedselkleurstof
klein tubetje **wit schrijfglazuur** (naar keuze)

Klop de margarine en suiker in een kom tot een zacht en romig geheel. Meng om en om 1 eetlepel ei en 1 eetlepel meel door de margarinemassa, tot alles is toegevoegd en het beslag glad is.

Roer de limoenrasp en het sap van ½ limoen erdoor. Schep het beslag in een diepe, ronde taartvorm van Ø20 cm bekleed met antikleefpapier. Strijk de bovenkant glad. Bak de taart 1-1¼ uur in een op 160 °C voorverwarmde oven, tot hij goed gerezen is. Laat de taart in de vorm afkoelen. Keer hem om. Verwijder het bakpapier. Snijd de taart overdwars in drie lagen.

Klop de boter, poedersuiker en het resterende limoensap tot een zacht en luchtig mengsel. Plak de lagen taart aan elkaar met het luchtige mengsel en de jam. Strijk het resterende mengsel dun uit over de boven- en zijkant van de taart.

Bekleed de taart met rolfondant. Druk de boven- en zijkant voorzichtig aan. Snijd eventueel overtollige fondant weg. Druk een stukje boetseerpasta in een vetvrij engelvormpje van 6 cm. Draai het vormpje om en haal het gevormde engeltje eruit. Maak op dezelfde wijze nog 3 engeltjes.

Rol de resterende rolfondant uit. Snijd deze in dunne reepjes om er lintjes van te maken. Draai de lintjes om een houten lepel als een kurkentrekker en laat ze een nachtje drogen. Verf de vleugels van de engeltjes goud. Leg de engeltjes op de taart samen met de lintjes. Zet ze vast met het schrijfglazuur.

biscuitrol met fruit

Voor **8 personen**
Voorbereiding **30 minuten**
Bereiding **18-20 minuten**

Voor de vulling
200 g **gedroogde abrikozen**
2 dl **appelsap**

Voor het biscuitbeslag
4 **eieren**
125 **fijne kristalsuiker**, plus
   extra voor het bestrooien
geraspte schil van
   1 **sinaasappel**
125 g **bloem**, gezeefd

Laat de abrikozen en het appelsap 10 minuten zachtjes pruttelen in een afgedekte pan, of tot het grootste gedeelte van het vocht is opgenomen. Pureer het fruit en laat het afkoelen.

Doe voor het biscuitbeslag de eieren, suiker en de sinaasappelrasp in een grote, hittebestendige kom en zet die op een pan zacht kokend water. Klop het beslag in 5-10 minuten met een elektrische mixer tot een dik, schuimig geheel.

Spatel voorzichtig de gezeefde bloem erdoor. Schenk het beslag in een bakblik van 30 x 23 cm of een rechthoekige bakplaat bekleed met antikleefpapier (blz. 11). Zorg dat het beslag ook goed in de hoekjes zit. Bak de cake 8-10 minuten in een op 200 °C voorverwarmde oven, tot de randjes net beginnen los te laten, de cake goudbruin is en veerkrachtig aanvoelt als u erop drukt.

Bekleed ondertussen een schone, warme en vochtige theedoek met bakpapier en strooi er wat kristalsuiker over. Stort snel de gebakken cake op het gesuikerde papier. Verwijder het ingevette bakpapier voorzichtig. Bestrijk de cake met de abrikozenpuree. Begin vervolgens aan de korte kant met rollen met behulp van het schone bakpapier. Maak er een staaf van. Laat de staaf afkoelen. Serveer hem nog dezelfde dag.

Voor een biscuitrol met aardbei en amandel: strooi 40 g amandelschaafsel over de met bakpapier beklede vorm. Breng het beslag op smaak met ½ theelepel amandelessence in plaats van de sinaasappelrasp. Vul de cake met 6 eetlepels aardbeienjam in plaats van de abrikozenpuree. Bestrooi hem met poedersuiker.

chocolade-truffeltaart

Voor **8 personen**
Voorbereiding **15 minuten**
Bereiding **40 minuten**

250 g **pure chocolade**, in stukjes
125 g **boter**
50 ml **slagroom**
4 **eieren**, gesplitst
125 g **fijne kristalsuiker**
2 eetlepels **cacaopoeder**, gezeefd, plus wat extra voor het bestuiven
poedersuiker, voor het bestrooien (naar keuze)

Smelt de chocolade, boter en slagroom in een hittebestendige kom boven een pan zacht kokend water. Haal de pan van het vuur en laat de inhoud 5 minuten afkoelen.

Klop de eidooiers met 75 g suiker tot een licht mengsel. Roer het afgekoelde chocolademengsel erdoor.

Klop de eiwitten in een grote, schone kom bijna stijf. Klop de resterende suiker erdoor. Spatel de massa door het dooiermengsel, samen met de gezeefde cacao, tot alles goed is gemengd.

Schenk het taartmengsel in een ingevette en met bakpapier beklede springvorm van Ø23 cm die u heeft bestoven met wat extra cacaopoeder. Bak de taart 35 minuten in een op 180 °C voorverwarmde oven.

Laat de taart 10 minuten in de vorm afkoelen. Stort hem vervolgens op een bord en bestrooi desgewenst met poedersuiker. Serveer de taart warm en in puntjes met wat slagroom en aardbeien.

Voor een chocolade-sinaasappeltaart: voeg de fijn geraspte schil van 1 sinaasappel toe zodra u de suiker door de dooiers spatelt. Verwijder de schil van 3 sinaasappels. Snijd het vruchtvlees in stukjes. Laat ze weken in 3 eetlepels brandewijn en 1 eetlepel heldere honing. Serveer de sinaasappels bij de taart en schep wat crème fraîche op de taart.

st.-clementstaart

Voor **8 personen**
Voorbereiding **30 minuten**
Bereiding **20 minuten**

175 g **margarine**, zacht
175 g **fijne kristalsuiker**
175 g **zelfrijzend bakmeel**
1 theelepel **bakpoeder**
3 **eieren**
fijn geraspte schil van
 1 **citroen**
fijn geraspte schil van
 1 **sinaasappel**
gezeefde **poedersuiker**,
 voor het bestrooien

Voor de vulling
3 eetlepels **lemon curd**
 (jamafdeling supermarkt)
1,5 dl **slagroom**, stijfgeklopt

Klop alle ingrediënten voor het beslag in een mengkom of in de keukenmachine tot een glad geheel.

Verdeel het beslag gelijkmatig over twee ingevette en met bakpapier beklede ronde bakvormen van Ø18 cm. Strijk de bovenkant glad. Bak de taarthelften 20 minuten in een op 180 °C voorverwarmde oven, tot ze goed gerezen zijn, goudbruin kleuren en veerkrachtig aanvoelen als u erop drukt.

Laat de taarthelften 5 minuten afkoelen in de vorm. Maak de randjes los. Stort de taarten op een taartrooster. Verwijder het bakpapier. Laat de taarten afkoelen.

Leg een van de taarthelften op een taartbord. Bestrijk hem met de lemon curd. Schep de geklopte slagroom erop. Leg het andere taartje erop. Bestrooi de bovenkant van de taart met wat gezeefde poedersuiker. Deze taart smaakt het best op de dag van bereiding.

Voor chocolade-vanilletaart: laat de citroen- en sinaasappelrasp achterwege. Vervang 25 g bakmeel door dezelfde hoeveelheid cacaopoeder. Bak de taart zoals hierboven beschreven. Vul hem met 3 eetlepels chocoladepasta in plaats van lemon curd en breng de 1,5 dl slagroom op smaak met 1 theelepel vanille-essence.

biscuitrol met chocolade

Voor **8 personen**
Voorbereiding **20 minuten,**
 plus afkoeltijd
Bereiding **25 minuten**

125 g **pure chocolade**
5 **eieren**, gesplitst
175 g **fijne kristalsuiker**, plus extra voor het bestrooien
2 eetlepels **cacaopoeder**
poedersuiker, voor het bestrooien

Voor de vulling
250 g **ongezoete kastanjepuree**
4 eetlepels **poedersuiker**
1 el **brandewijn**
2,5 dl **slagroom**

Smelt de chocolade in een hittebestendige kom boven een pan zacht kokend water. Roer af en toe. Haal de pan van het vuur en laat de inhoud 5 minuten afkoelen.

Doe de eidooiers in een kom. Voeg de suiker toe. Klop het geheel in 5 minuten tot een licht en dik mengsel. Roer de gesmolten chocolade en cacaopoeder erdoor. Klop de eiwitten stijf in een grote, schone kom. Spatel ze daarna gelijkmatig door het chocolademengsel.

Doe het mengsel in een ingevette en met bakpapier beklede bakplaat van 33 x 23 cm. Zorg dat het beslag ook in de hoekjes zit. Strijk de bovenkant glad met een glaceermes. Bak de cake 20 minuten in een op 180 °C voorverwarmde oven, tot hij goed gerezen en opgesteven is.

Bedek ondertussen een schone en warme, vochtige theedoek met bakpapier. Strooi er wat fijne kristalsuiker over. Stort de gebakken cake snel op het papier. Verwijder voorzichtig het ingevette bakpapier. Bedek de cake met een schone theedoek. Laat hem afkoelen.

Bereid de vulling. Meng de kastanjepuree en poedersuiker in de keukenmachine tot een glad mengsel. Doe het mengsel in een kom. Roer de brandewijn erdoor. Klop voorzichtig de room erdoor tot een licht en luchtig mengsel. Bestrijk de cake met de vulling. Laat rondom een rand van 1 cm vrij. Begin aan de korte kant met rollen met behulp van het schone bakpapier. Rol het deeg op tot een staaf. Bestrooi de cake met poedersuiker en serveer hem.

chocoladetaart met dadels

Voor **10 personen**
Voorbereiding **30 minuten**
Bereiding **25 minuten**

150 g **gedroogde dadels**
1,5 dl **kokend water**, plus
 6 eetlepels extra
50 g **cacaopoeder**
1,5 dl **zonnebloemolie**
3 **eieren**
175 g **fijne kristalsuiker**
175 g **zelfrijzend bakmeel**
1½ theelepel **bakpoeder**

Voor de garnering
1,5 dl **slagroom**
150 g **verse roomkaas**
3 eetlepels **chocoladepasta**
5 gekochte **chocoladetruffels**,
 gehalveerd

Laat de dadels 5 minuten zachtjes pruttelen in een afgedekte pan met 1,5 dl kokend water tot ze zacht zijn. Meng geleidelijk de cacao in een kom met de resterende 6 eetlepels kokend water tot een glad mengsel. Laat de dadels en opgeloste cacao afkoelen.

Voeg de olie, eieren en suiker toe aan de opgeloste cacao. Klop het geheel tot een glad mengsel. Voeg het meel en bakpoeder toe. Klop nogmaals. Roer de afgekoelde dadels en eventueel kookvocht door het beslag.

Verdeel het beslag gelijkmatig over twee ingevette en met bakpapier ronde beklede bakblikken van Ø20 cm. Strijk de bovenkant glad. Bak de taarthelften 20 minuten in een op 180 °C voorverwarmde oven, tot ze goed gerezen zijn en veerkrachtig aanvoelen als u erop drukt.

Laat de taarthelften 5 minuten afkoelen in het blik. Maak de randen los. Keer de taarten om op een taartrooster. Verwijder het bakpapier. Laat de taarten volledig afkoelen.

Klop de slagroom bijna stijf. Spatel de verse roomkaas erdoor. Leg één taarthelft op een taartbord. Bestrijk hem met de chocoladepasta en de helft van het roommengsel. Leg het andere taartje erop. Bestrijk dit met het resterende roommengsel. Garneer de taart met de gehalveerde chocoladetruffels.

Voor een schwarzwalderkirschtorte: volg het recept maar laat de dadels achterwege. Besprenkel de taarthelften met 2 eetlepels kersenbrandewijn. Vul ze met het roommengsel. Leg wat uitgelekte en ontpitte zwarte kersen in het midden en boven op de taart.

koffietaartje met pistachepraline

Voor **12 personen**
Voorbereiding **40 minuten**
Bereiding **30-35 minuten**

6 **eieren**
175 g **fijne kristalsuiker**
175 g **bloem**, gezeefd
50 g **boter**, gesmolten
2 eetlepels vers gezette **espressokoffie**, afgekoeld

Voor de praline
65 g **gepelde pistachenoten**
125 g **kristalsuiker**
50 ml **water**

Voor het ahornsiroopglazuur
6 **eidooiers**
175 g **fijne kristalsuiker**
1,5 dl **melk**
375 g **boter**, op kamertemperatuur, in blokjes
3 eetlepels **ahornsiroop**

Klop de eieren en suiker in 5 minuten in een hittebestendige kom boven een pan zacht kokend water tot een zeer dik mengsel. Haal de pan van het vuur. Meng de bloem, boter en koffie erdoor.

Doe het mengsel in een ingevette en met bakpapier beklede taartvorm van Ø23 cm. Bak de taart 25-30 minuten in een op 180 °C voorverwarmde oven. Laat de taart 5 minuten in de vorm afkoelen. Stort de taart op een taartrooster. Snijd de taart in 3 horizontale lagen.

Leg de noten op een bakplaat. Verwarm de suiker en het water in een pan met dikke bodem tot de suiker is opgelost. Zet het vuur hoger tot de suiker licht goudbruin kleurt. Haal de pan van het vuur. Giet de karamel over de noten. Breek de praline in kleine stukjes zodra deze opgestijfd is. Maal tot een grof poeder.

Klop de eidooiers en suiker tot een licht mengsel. Verwarm de melk tot net tegen het kookpunt. Klop de melk door het eiermengsel. Doe dit in de pan en zet de pan weer op het vuur. Verwarm de inhoud zachtjes, al roerende, tot het mengsel aan de achterkant van een lepel blijft plakken. Klop het mengsel 2-3 minuten van het vuur af. Klop er geleidelijk wat boter door tot de massa dik en glanzend is. Roer de ahornsiroop erdoor.

Meng de helft van de praline door de helft van het glazuur. Gebruik dit om de laagjes taart aan elkaar te plakken. Bestrijk de boven- en zijkant van de taart met het resterende glazuur. Bestrooi met de resterende praline.

Voor chocoladetaart met hazelnootpraline: vervang 25 g van de bloem door cacaopoeder. Gebruik gepelde hazelnoten in plaats van pistachenoten.

schuimrol met blauwe bessen

Voor **8 stuks**
Voorbereiding **30 minuten, plus afkoelen**
Bereiding **15 minuten**

4 **eiwitten**
250 g **fijne kristalsuiker**, plus extra voor het bestrooien
1 theelepel **wittewijnazijn**
1 theelepel **maismeel**

Voor de vulling
geraspte schil van 1 **limoen**
3 dl **slagroom**, geklopt
150 g **blauwe bessen**
3 **passievruchten**, gehalveerd

Klop de eiwitten stijf in een grote, schone kom. Klop geleidelijk de suiker, 1 theelepel per keer, erdoor, tot alle suiker is toegevoegd. Klop nog een paar minuten tot het meringuemengsel dik en glanzend is.

Meng de azijn met het maismeel. Klop dit door het meringuemengsel. Schep het in een bakplaat van 33 x 23 cm bekleed met antikleefpapier dat iets boven de rand van de bakplaat uitsteekt. Strijk de bovenkant glad. Bak de meringue 10 minuten in een op 190 °C voorverwarmde oven, tot hij gekleurd en gerezen is. Zet de oven lager op 160 °C en bak de meringue nog 5 minuten, tot hij stevig aanvoelt en de bovenkant iets gescheurd is.

Bedek ondertussen een schone theedoek met antikleefpapier. Strooi er wat fijne kristalsuiker over. Stort de meringue op het papier. Haal de bakplaat eraf. Laat de meringue 1-2 uur afkoelen. Verwijder het bakpapier waar de meringue in gebakken is voorzichtig.

Meng de limoenrasp door de geklopte slagroom. Verdeel het mengsel over de meringue. Bestrooi met de blauwe bessen en passievruchtzaadjes. Begin aan de korte kant met rollen met behulp van het schone bakpapier. Rol de meringue op tot een staaf. Serveer de schuimrol op de dag van bereiding.

Voor een schuimrol met munt en aardbeien:
bestrijk de meringue met geklopte slagroom gemengd met wat vers gehakte munt en 250 g grof gehakte aardbeien. Rol de meringue op. Garneer de rol met gehalveerde kleine aardbeien en muntblaadjes met wat gezeefde poedersuiker.

familiechocoladetaart

Voor **8 personen**
Voorbereiding **20 minuten**, plus koelen
Bereiding **30 minuten**

125 g **fijne kristalsuiker**
4 **eieren**
100 g **zelfrijzend bakmeel**
25 g **cacaopoeder**
40 g **boter**, gesmolten
1 theelepel **vanille-essence**

Voor het glazuur
375 g **pure chocolade**, in stukjes
250 g **boter**
100 g gezeefde **poedersuiker**

Doe de suiker en eieren in een hittebestendige kom en zet die boven een pan zacht kokend water. Klop het mengsel in 5-10 minuten met een elektrische mixer tot een zeer dik en schuimig geheel waarin de kloppers een spoor achterlaten als u de mixer optilt.

Zeef het meel en cacaopoeder erover en spatel ze voorzichtig door het mengsel, samen met de gesmolten boter en vanille, tot alles goed gemengd is.

Giet het beslag in een ingevette en met bakpapier beklede springvorm van Ø20 cm. Bak de taart 25 minuten in een op 180 °C voorverwarmde oven, tot hij gerezen is en stevig aanvoelt. Haal de taart uit de oven. Laat hem 5 minuten in de vorm afkoelen. Stort de taart op een taartrooster en laat afkoelen.

Bereid het glazuur. Smelt de chocolade en boter in een hittebestendige kom boven een pan zacht kokend water. Haal de pan van het vuur en klop de poedersuiker erdoor. Laat de inhoud van de pan 1 uur afkoelen en indikken. Klop het mengsel tot een licht en luchtig geheel.

Snijd de taart overdwars doormidden. Gebruik de helft van het glazuur om beide taarthelften weer aan elkaar te plakken. Bestrijk met het resterende glazuur de boven- en zijkant van de taart. Maak mooie krullen met een glaceermes.

Voor een chocolade-sinaasappeltaart: voeg tijdens het kloppen de fijn geraspte schil van 1 sinaasappel toe aan de suiker en eieren. Garneer de geglazuurde taart met krullen sinaasappelschil.

ouderwets koffietaartje

Voor **8 personen**
Voorbereiding **30 minuten**
Bereiding **20 minuten**

175 g **margarine**, zacht
175 g **lichtbruine basterdsuiker of fijne kristalsuiker**
175 g **zelfrijzend bakmeel**
1 theelepel **bakpoeder**
3 **eieren**
3 theelepels **oploskoffie**, opgelost in 2 theelepels kokend water

Voor het glazuur
75 g **boter**, op kamertemperatuur
150 g gezeefde **poedersuiker**
3 theelepels **oploskoffie**, opgelost in 2 theelepels kokend water
50 g **pure chocolade**, gesmolten

Klop alle ingrediënten voor het beslag in een mengkom of in de keukenmachine tot een glad geheel.

Verdeel het beslag gelijkmatig over twee ingevette en met bakpapier beklede ronde bakblikken van Ø18 cm. Strijk de bovenkant glad. Bak de taarthelften 20 minuten in een op 180 °C voorverwarmde oven, tot ze goed gerezen zijn, bruin kleuren en veerkrachtig aanvoelen als u erop drukt.

Laat de taarthelften een paar minuten afkoelen. Maak de zijkanten los. Draai de taarten om op een taartrooster, verwijder het bakpapier en laat afkoelen.

Bereid het glazuur. Doe de boter en de helft van het glazuur in een mengkom. Voeg de oploskoffie toe en meng alles tot een glad geheel. Klop geleidelijk de resterende poedersuiker erdoor tot er een lichte, romige massa ontstaat.

Leg een van de taarthelften op een taartbord. Bestrijk hem met de helft van het glazuur. Leg de andere taart erop. Bestrijk de bovenkant met het resterende glazuur. Spuit of giet krullen gesmolten chocolade boven op de taart. Dit taartje kunt u maximaal 2-3 dagen in een taartvorm op een koele plaats bewaren.

Voor een taartje met kaneel en hazelnoot: vervang de koffie in het beslag door 1 theelepel kaneel en 50 g geroosterde gehakte hazelnoten. Gebruik het ahornsiroopglazuur van blz. 168 om de taarthelften aan elkaar te plakken en de bovenkant te bestrijken. Bestrooi met grof gehakte hazelnoten en bestuif tot slot met kaneel.

wortel-walnoottaart

Voor **10 personen**
Voorbereiding **40 minuten**
Bereiding **25 minuten**

1,5 dl **zonnebloemolie**
3 **eieren**
175 g **lichtbruine basterdsuiker**
175 g **zelfrijzend bakmeel**
1½ theelepel **bakpoeder**
geraspte schil van ½ **sinaasappel**
1 theelepel **kaneel**
150 g **wortelen**, grof geraspt
50 g **walnoten**, fijngehakt

Voor het ahornsiroopglazuur
2,5 dl **ahornsiroop**
2 **eiwitten**
snufje **zout**

Voor de garnering
5 **walnoten**, gehalveerd

Klop de olie, eieren en suiker in een mengkom. Voeg het meel, bakpoeder, de sinaasappelrasp en kaneel toe en klop weer glad. Roer de geraspte wortel en gehakte noten erdoor. Verdeel het mengsel over twee ingevette en met bakpapier beklede ronde bakblikken van Ø20 cm. Strijk de bovenkant glad.

Bak de taarthelften ca. 20 minuten in een op 180 °C voorverwarmde oven, tot ze veerkrachtig aanvoelen als u erop drukt. Laat ze 5 minuten afkoelen. Stort ze op een taartrooster, verwijder het bakpapier en laat afkoelen.

Bereid het ahornsiroopglazuur. Giet de ahornsiroop in een pan. Verwarm hem tot 115 °C (gebruik een suikerthermometer). Klop de eiwitten en het zout in een schone kom stijf zodra de temperatuur begint op te lopen. Klop de siroop zodra deze klaar is druppelsgewijs door de eiwitten tot het glazuur op een meringuemengsel lijkt. Blijf nog een paar minuten doorkloppen, tot het mengsel zeer dik is.

Snijd de taarthelften overdwars doormidden en plak de vier delen aan elkaar met glazuur. Leg de taart op een bord. Schenk de rest van het glazuur uit over de boven- en zijkant van de taart. Garneer met walnoot.

Voor kruidige appeltaart met calvadosroom: laat de sinaasappelrasp, wortel en walnoten achterwege en neem in plaats daarvan 200 g geschilde, grof geraspte kookappels. Plak de taartstukken aan elkaar met 1,5 dl slagroom of mascarpone waar u 2 eetlepels calvados en 2 eetlepels vloeibare honing door geklopt heeft. Bestuif de taart met poedersuiker.

victoriataart

Voor **8 personen**
Voorbereiding **20 minuten**
Bereiding **20 minuten**

175 g **boter**, op kamertemperatuur
175 g **fijne kristalsuiker**
175 g **bruin rijstemeel** (natuurvoedingswinkel)
3 **eieren**
1 eetlepel **bakpoeder**
paar druppels **vanille-essence**
1 eetlepel **melk**

Voor de garnering
4 eetlepels **frambozenjam**
gezeefde **poedersuiker**, voor het bestrooien

Doe alle ingrediënten voor het beslag in een mengkom of in de keukenmachine en klop ze tot een glad geheel.

Verdeel het beslag gelijkmatig over twee ingevette en met bloem bestoven ronde taartvormen met antiaanbaklaag van Ø18 cm. Bak de taarthelften ca. 20 minuten in een op 200 °C voorverwarmde oven, tot ze goudbruin en gerezen zijn.

Haal de taarthelften uit de oven. Stort ze op een taartrooster en laat afkoelen. Plak de taarthelften aan elkaar met de jam. Bestrooi de taart met poedersuiker.

Voor een chocoladeverjaardagstaart: volg het recept maar vervang 1 eetlepel rijstemeel door cacaopoeder. Bereid een chocoladeglazuur door 2 eetlepels cacaopoeder in 2 eetlepels kokend water op te lossen. Laat het mengsel afkoelen. Klop 375 g poedersuiker en 175 g zachte boter tot een lichte, luchtige massa. Klop vervolgens de opgeloste cacao erdoor. Gebruik dit mengsel om de taart te vullen en te bedekken.

chocolade-guinnesstaart

Voor **10 stuks**
Voorbereiding **40 minuten,
  plus rusten en koelen**
Bereiding **45-55 minuten**

125 g **boter**, op kamertemperatuur
250 g **lichtbruine basterdsuiker**
175 g **bloem**
50 g **cacaopoeder**
½ theelepel **bakpoeder**
1 theelepel **natriumbicarbonaat**
3 **eieren**, geklopt
2 dl **Guinness** of ander sterk, donker bier
25 g **witte chocoladekrullen**, als garnering
gezeefd **cacaopoeder**, voor het bestrooien

Voor het wittechocoladeglazuur
2 dl **slagroom**
200 g **witte chocolade**, in stukjes

Klop de boter en suiker in een mengkom tot een lichte, romige massa. Zeef de bloem, cacao, het bakpoeder en natriumbicarbonaat boven een kom. Klop om en om eetlepels van het geklopte ei, bloemmengsel en de Guinness door de botermassa, tot alles is toegevoegd en het beslag glad is.

Schep het mengsel in een ingevette, met bakpapier beklede springvorm van Ø20 cm. Strijk de bovenkant glad.

Bak de taart 45-55 minuten in een op 160 °C voorverwarmde oven, tot hij goed gerezen is, de bovenkant licht gescheurd is en een satéprikker die u in het midden steekt er droog uit komt. Laat de taart 10 minuten in de vorm afkoelen. Maak de randen los. Stort hem op een taartrooster en verwijder het bakpapier.

Bereid het wittechocoladeglazuur. Breng de helft van de room tegen de kook aan in een kleine pan. Haal de pan van het vuur, voeg de chocolade toe en laat de pan 10 minuten staan, tot de chocolade gesmolten is. Roer en zet het mengsel 15 minuten koel weg. Klop de resterende slagroom stijf. Klop het chocolademengsel erdoor tot er een dikke massa ontstaat. Zet het glazuur nog eens 15 minuten koel weg.

Leg de taart op een bord. Schep de chocoladeroom erover. Garneer de taart met de chocoladekrullen en bestrooi hem met het gezeefde cacaopoeder.

cakerol met kers en sinaasappel

Voor **8 personen**
Voorbereiding **30 minuten**, plus afkoelen
Bereiding **20 minuten**

5 grote **eieren**, gesplitst
250 g **fijne kristalsuiker**, plus extra voor het bestrooien
100 g **bloem**, gezeefd
geraspte schil van 1½ **sinaasappel**
40 g **amandelschaafsel**
300 g **magere roomkaas**
blik van 425 g **ontpitte zwarte kersen**, uitgelekt
een paar **verse kersen** (naar keuze)

Doe de eidooiers en 175 g suiker in een grote hittebestendige kom en zet die op een pan zacht kokend water. Klop de inhoud tot een dik, licht mengsel. Haal de pan van het vuur. Roer voorzichtig de gezeefde bloem en geraspte schil van 1 sinaasappel erdoor.

Klop de eiwitten in een grote, schone kom tot ze stijf zijn, maar er nog vochtig uitzien. Spatel een grote lepel van het eiwit door de dooiermassa om hem iets losser te maken. Spatel de rest er ook voorzichtig door.

Giet het beslag in een met antikleefpapier bekleed bakblik van 30 x 23 cm. Zorg dat het beslag ook goed in de hoekjes zit. Bestrooi met amandelschaafsel. Bak de cake 15 minuten in een op 180 °C voorverwarmde oven, tot hij goed gerezen is en de bovenkant sponsachtig aanvoelt. Haal de cake uit de oven en laat hem afkoelen.

Klop de roomkaas door de resterende sinaasappelrasp en de helft van de resterende suiker.

Bedek een schone, warme en vochtige theedoek met bakpapier. Strooi de resterende suiker erover. Rol de cake over het papier. Verwijder het bakpapier.

Bestrijk de bovenkant van de cake met het roomkaasmengsel. Strooi er wat kersen uit blik over. Begin aan de korte kant met rollen met behulp van het bakpapier. Rol de cake op tot een staaf. Leg hem op een bord. Voeg desgewenst de verse kersen toe en snijd de cake.

Voor een cakerol met passievruchten en mango: laat de sinaasappelrasp in het beslag achterwege. Vul de cake voor het oprollen met slagroom, blokjes verse mango en de pulp van 3 passievruchten.

citroen-polentataart

Voor **8-10 personen**
Voorbereiding **20 minuten**
Bereiding **30 minuten**

125 g **bloem**
1½ theelepel **bakpoeder**
125 g **polenta**
3 **eieren**, plus 2 **eiwitten**
175 g **lichtbruine basterdsuiker**
geraspte schil en het sap van 2 **citroenen**
1 dl **plantaardige olie**
1,5 dl **karnemelk**

Voor de aardbeien in rode wijn
3 dl **rode wijn**
1 **vanillestokje**, opengesneden
150 g **fijne kristalsuiker**
2 eetlepels **balsamicoazijn**
250 g **aardbeien**, ontdaan van kroontjes

Zeef de bloem en het bakpoeder in een mengkom. Roer de polenta erdoor. Zet het mengsel even weg.

Klop de eieren, eiwitten en suiker 3-4 minuten in een andere kom met een elektrische mixer tot een licht en zeer lobbig mengsel. Spatel het polentamengsel, de citroenrasp en het sap, de olie en karnemelk erdoor tot er een glad beslag ontstaat.

Giet het beslag in een ingevette en met bakpapier beklede springvorm van Ø25 cm. Bak de taart 30 minuten in een op 180 °C voorverwarmde oven, tot hij gerezen is en stevig aanvoelt. Laat de taart 10 minuten in de vorm afkoelen. Maak dan de randen los. Stort hem op een taartrooster, verwijder het bakpapier en laat de taart verder afkoelen.

Bereid ondertussen de aardbeien in rode wijn. Doe de wijn, het vanillestokje en de suiker in een pan. Verwarm de inhoud zachtjes zodat de suiker smelt. Zet het vuur wat hoger en laat de inhoud 10-15 minuten zachtjes pruttelen, tot de saus ingedikt en stroperig is. Laat de saus afkoelen. Roer de balsamicoazijn en aardbeien erdoor.

Snijd de taart in puntjes. Serveer hem als nagerecht met aardbeien en hun sap.

Voor een polentataart met citroensiroop: bereid de taart als hierboven beschreven. Doe de fijn geraspte schil en het sap van 2 citroenen, 200 g fijne kristalsuiker en 2 eetlepels water in een pan. Verwarm de inhoud. Schep het mengsel over de taart zodra deze uit de oven komt en laat het goed intrekken. Serveer de taart warm of koud met slagroom.

schuimtaart met chocolade

Voor **8-10 stuks**
Voorbereiding **30 minuten, plus koelen**
Bereiding **1-1¼ uur**

5 **eieren**, gesplitst
300 g **fijne kristalsuiker**
1 eetlepel **maismeel**
125 g **gepelde hazelnoten**, geroosterd en fijngemalen
cacaopoeder, voor het bestrooien

Voor de vulling
250 g **pure chocolade**, in stukjes
2 dl **slagroom**

Voor de chocoladehazelnoten
50 g **hazelnoten**
50 g **pure chocolade**, gesmolten

Klop de eiwitten in een grote, schone kom stijf. Klop de suiker er met 1 eetlepel tegelijk door tot alles is toegevoegd. Klop het meringuemengsel nogmaals tot het dik en glanzend is. Meng het maismeel en de gemalen hazelnoten erdoor. Schep het mengsel vervolgens in een grote spuitzak met een spuitmond van 1 cm.

Teken een cirkel van Ø23 cm op drie vellen bakpapier. Begin in het midden van elke getekende cirkel. Spuit het mengsel in een onafgebroken kronkel en eindig net binnen de buitenste lijn. Bak alle drie de cirkels 1-1¼ uur in een op 150 °C voorverwarmde oven tot ze licht goudbruin en uitgedroogd zijn. Haal ze uit de oven. Leg ze op een taartrooster en laat ze volledig afkoelen.

Verwarm de chocolade en room in een hittebestendige kom op een pan zacht kokend water. Roer tot alle chocolade gesmolten is. Haal de pan van het vuur en laat de inhoud afkoelen. Zet het mengsel 1 uur in de koelkast.

Bereid de chocoladehazelnoten. Doop de hazelnoten met een vork in de gesmolten chocolade tot ze goed bedekt zijn. Laat de chocolade hard worden op het bakpapier.

Klop de chocoladevulling tot een licht en luchtig geheel. Gebruik deze om de 3 schuimlagen aan elkaar te plakken. Garneer het taartje met de chocoladehazelnoten. Garneer met wat cacaopoeder.

Voor een schuimtaart met abrikozen en amandelen: vervang de hazelnoten door 125 g gemalen amandelen. Kook voor de vulling 175 g gedroogde abrikozen 10 minuten in wat water. Pureer glad, laat afkoelen en spatel dit door 3 dl slagroom.

overheerlijke baksels

peperkoek

Voor **10 personen**
Voorbereiding **25 minuten, plus afkoelen**
Bereiding **45-55 minuten**

- 125 g **boter**
- 125 g **rozijnen**
- 125 g **krenten**
- 75 g **sultanarozijnen**
- 150 g **lichtbruine basterdsuiker**
- 1,5 dl **water**
- 300 g **zelfrijzend bakmeel**
- 1 theelepel **peperkorrels**, grof gemalen
- 1 theelepel **hele kruidnagels**, grof gemalen
- 1 theelepel **gemberpoeder**
- 2 **eieren**

Doe de boter, gedroogde vruchten, suiker en het water in een pan. Breng de inhoud aan de kook. Verwarm alles 5 minuten zachtjes en laat de inhoud 15 minuten afkoelen.

Doe het meel, de peperkorrels, kruidnagels en het gemberpoeder in een mengkom. Voeg het vruchtenmengsel en de eieren toe. Meng het beslag tot het zacht en vloeibaar is.

Schep het beslag in een ingevette en met bakpapier beklede springvorm van Ø20 cm. Strijk de bovenkant glad. Bak de koek 45-55 minuten in een op 160 °C voorverwarmde oven, tot hij goed gerezen is, de bovenkant iets gescheurd is en een satéprikker die u in het midden steekt er droog uit komt. (Als u een heteluchtoven heeft, moet u misschien de bovenkant van de koek na 30 minuten afdekken met aluminiumfolie om te voorkomen dat hij aanbrandt.)

Laat de koek 10 minuten afkoelen. Maak de randen los, stort de koek op een taartrooster en verwijder het bakpapier. Laat de koek volledig afkoelen. Bewaar de koek maximaal 3 dagen in een luchtdicht afgesloten bewaardoos.

Voor een variant: volg het recept maar laat de peperkorrels, kruidnagels en het gemberpoeder achterwege. Voeg in plaats daarvan 1 theelepel koekkruiden toe aan het mengsel.

cake met banaan, dadel en walnoot

Voor **10 personen**
Voorbereiding **25 minuten**
Bereiding **1 uur en 10 minuten-1¼ uur**

400 g **banaan**, gewicht met schil
1 eetlepel **citroensap**
300 g **zelfrijzend bakmeel**
1 theelepel **bakpoeder**
125 g **fijne kristalsuiker**
125 g boter, gesmolten
2 **eieren**, geklopt
175 g **gedroogde dadels**
50 g **walnootstukjes**

Voor de garnering
halve walnoten
bananenchips

Pel de bananen en prak ze daarna door het citroensap.

Doe het meel, bakpoeder en de suiker in een mengkom. Voeg de geprakte bananen, gesmolten boter en de eieren toe. Meng alles goed. Roer de dadels en stukjes walnoot erdoor. Schep het mengsel in een ingevet cakeblik met een inhoud van 1 kg. Bekleed de twee lange zijden en bodem met ingevet bakpapier. Strijk de bovenkant glad. Garneer de bovenkant met de halve walnoten en bananenchips.

Bak de cake 1 uur en 10 minuten-1¼ uur in het midden van een op 160 °C voorverwarmde oven, tot de cake goed gerezen is, de bovenkant iets gescheurd is en een satéprikker die u in het midden steekt er droog uit komt. Laat de cake 10 minuten afkoelen. Maak de randen los, stort hem op een taartrooster en verwijder het bakpapier. Laat de cake volledig afkoelen. Bewaar de cake maximaal 5 dagen in een luchtdicht afgesloten bewaardoos.

Voor een chocoladecake met kers en abrikoos:
vervang de dadels en walnoten in het recept door 75 g pure chocolade in blokjes, 75 g grof gehakte gekonfijte kersen en 75 g gedroogde abrikozen in blokjes. Besprenkel de cake na het bakken met gesmolten pure chocolade.

jamaicaanse gembercake

Voor **10 plakken**
Voorbereiding **30 minuten**
Bereiding **50-60 minuten**

150 g **boter**
150 g **golden syrup**
150 g **stroop**
150 g **bloem**
150 g **volkorenmeel**
4 theelepels **gemberpoeder**
1 theelepel **koekkruiden**
1 theelepel **natriumbicarbonaat**
2 **eieren**, geklopt
4 eetlepels **melk**

Voor het glazuurlaagje
1 eetlepel **abrikozenjam**
125 g **gedroogd exotisch fruit**, in reepjes
enkele stukjes ingelegde **stemgember**, uitgelekt en gesneden

Doe de boter, golden syrup en stroop in een pan. Verwarm de inhoud zachtjes. Roer af en toe tot de boter is gesmolten. Haal de pan van het vuur. Laat de inhoud 5 minuten afkoelen.

Meng alle droge ingrediënten voor het beslag in een grote mengkom. Meng geleidelijk het siroopmengsel en dan de eieren en melk erdoor. Klop het beslag glad.

Schenk het in een ingevette cakevorm met een inhoud van 1 kg. Bekleed de bodem en twee lange kanten met ingevet bakpapier. Bak de cake 50-60 minuten in een op 160 °C voorverwarmde oven, tot hij goed gerezen is, de bovenkant iets gescheurd is en een satéprikker die u in het midden steekt er droog uit komt. Laat de cake 10 minuten in de vorm afkoelen. Maak de randen los, haal de cake uit de vorm met behulp van het bakpapier en leg de cake op een taartrooster. Verwijder het bakpapier. Laat de cake afkoelen.

Bestrijk de bovenkant van de cake met abrikozenjam. Versier hem met reepjes gedroogd exotisch fruit en gember.

Voor een ontbijtkoek: vervang het volkorenmeel door 150 g havermeel. Gebruik een vierkante bakvorm van 20 x 20 cm die u heeft bekleed met antikleefpapier (bodem en zijkanten). Bak de koek 50-60 minuten op 150 °C in de oven, tot hij stevig aanvoelt als u erop drukt. Wikkel de afgekoelde koek in vetvrij papier en snijd hem voor het serveren in 16 blokjes.

whiskytaartje

Voor **24 porties**
Voorbereiding **40 minuten,**
  plus **1 nacht weken**
Bereiding **3½-3¾ uur**

1 kg **gemengd gedroogd fruit**
4 eetlepels **whisky**
50 g **gekonfijte gember**
geraspte schil en het sap van 1 **citroen**
300 g **bloem**
2 theelepels **koekkruiden**
1 theelepel **kaneel**
250 g **boter**, op kamertemperatuur
250 g **donkerbruine basterdsuiker**
5 **eieren**, geklopt
50 g **pecannoten**, grof gehakt

Voor de garnering
11 **gekonfijte halve kersen**
11 **pecannoten**

Doe het gedroogde fruit in een kom met de whisky, gekonfijte gember, citroenrasp en het sap. Meng alles goed. Dek de kom af. Laat de inhoud een nacht weken.

Meng de bloem met de specerijen. Klop de boter en suiker in een mengkom tot een lichte, romige massa.

Meng om en om 1 eetlepel geklopt ei en 1 eetlepel bloemmengsel door de botermassa tot alles is toegevoegd en het beslag glad is. Meng geleidelijk het geweekte fruit en de gehakte noten erdoor.

Schep het beslag in een diepe, ronde taartvorm van Ø20 cm waarvan de bodem en zijkanten bekleed zijn met antikleefpapier. Strijk de bovenkant van het beslag glad. Garneer met de kersen en pecannoten. Bak de taart 3½-3¾ uur in het midden van een op 140 °C voorverwarmde oven, tot een satéprikker die u in het midden van de taart steekt er droog uit komt. Laat de taart 30 minuten in de vorm afkoelen. Maak de randen los, stort hem op een taartrooster en verwijder het bakpapier. Laat de taart volledig afkoelen. Bekleed de taart met een stuk waspapier en bind het vast met raffia, naar keuze. Bewaar het taartje maximaal 2 weken in een luchtdicht afgesloten bewaardoos.

Voor een cake rijkelijk gevuld met fruit: laat de whisky achterwege en gebruik de geraspte schil van 1 citroen en ½ sinaasappel. Laat de garnering van kersen en noten weg en bak de cake volgens het recept. Bestrijk de afgekoelde cake met 4 eetlepels gezeefde abrikozenjam en bedek de cake met 450 g dun uitgerolde marsepein, gevolgd door 500 g rolfondant. Decoreer verder afhankelijk van de gelegenheid.

cake met ciderappel en vijgen

Voor **10 plakken**
Voorbereiding **20 minuten, plus weken**
Bereiding **1 uur-1 uur en 10 minuten**

3 dl **droge cider**
1 grote **kookappel**, ca. 300 g, ontdaan van klokhuis, geschild en gehakt
175 g **gedroogde vijgen**, gehakt
150 g **fijne kristalsuiker**
300 g **zelfrijzend bakmeel**
2 **eieren**, geklopt
1 eetlepel **zonnebloempitten**
1 eetlepel **pompoenpitten**

Giet de cider in een pan. Voeg de appel en vijgen toe en breng het geheel aan de kook. Laat de inhoud 3-5 minuten zachtjes pruttelen, tot de appel net zacht maar nog wel stevig is. Haal de pan van het vuur. Laat de inhoud 4 uur weken.

Meng de suiker, het meel en de eieren door het geweekte fruit. Roer goed.

Schep het mengsel in een ingevet bakblik met een inhoud van 1 kg. Bekleed de bodem en twee lange kanten met ingevet bakpapier. Strijk de bovenkant glad. Strooi de pitten over de cake. Bak hem 1 uur-1 uur en 10 minuten in het midden van een op 160 °C voorverwarmde oven, tot hij goed gerezen is, de bovenkant iets gescheurd is en een satéprikker die u in het midden steekt er droog uit komt.

Laat de cake 10 minuten in het blik afkoelen. Maak de randen los, haal de cake uit het blik met behulp van het bakpapier en leg hem op een taartrooster. Verwijder het bakpapier en laat de cake volledig afkoelen. Serveer de cake in plakken met wat boter. Bewaar de cake maximaal 1 week in een luchtdicht afgesloten bewaardoos.

Voor een cake met appel en gemengd fruit: kook de appels zoals hierboven beschreven in 3 dl appelsap in plaats van cider met 175 g gemengd luxe gedroogd fruit in plaats van gedroogde vijgen. Volg het recept. Schep het mengsel in het bakblik. Strooi er eventueel wat grove kandijsuiker over.

cake met peer en rozijnen

Voor **10 plakken**
Voorbereiding **20 minuten**
Bereiding **1¼-1½ uur**

- 125 g **boter**, op kamertemperatuur
- 125 g **lichtbruine basterdsuiker**
- 2 **eieren**, licht geklopt
- 250 g **zelfrijzend bakmeel**
- 1 theelepel **gemalen kardemom**
- 4 eetlepels **melk**
- 500 g **peren**, geschild, ontdaan van klokhuis, in dunne schijfjes
- 125 g **sultanarozijnen**
- 1 eetlepel **heldere honing**

Klop de boter en suiker in een mengkom tot een lichte, romige massa. Klop geleidelijk de eieren erdoor tot alles goed gemengd is. Zeef de bloem en gemalen kardemom en spatel ze samen met de melk door het eiermengsel.

Bewaar een derde van de peerplakjes. Hak de rest in grove stukken. Meng de gehakte peren door het beslag, samen met de rozijnen. Schep het beslag in een ingevet bakblik met een inhoud van 1 kg. Bekleed de bodem en twee lange kanten met ingevet bakpapier. Strijk de bovenkant glad.

Leg de achtergehouden plakjes peer in het midden van de cake. Druk ze voorzichtig aan. Bak de cake 1¼ uur-1½ uur in een op 160 °C voorverwarmde oven, tot een satéprikker die u in het midden van de cake steekt er droog uit komt.

Haal de cake uit de oven en laat de cake 10 minuten in het bakblik afkoelen. Maak de randen los. Haal de cake uit de vorm met behulp van het bakpapier, leg hem op een taartrooster en verwijder het bakpapier. Laat de cake volledig afkoelen. Giet er wat honing over.

Voor een cake met dadels en appel: kook 250 g ontpitte, gehakte dadels zachtjes in een afgedekte steelpan in 1,5 dl water tot ze zacht zijn (ca. 5 minuten). Vervang de kardemom, peren, rozijnen en honing in het beslag door 375 g geschilde en in blokjes gesneden kookappels. Schep de helft van het beslag in het bakblik, bedek met dadelpuree en dan de rest van het beslag. Bak zoals hierboven.

kruidige marmeladecake

Voor **24 stuks**
Voorbereiding **25 minuten**
Bereiding **35-40 minuten**

125 g **boter**
200 g **golden syrup**
100 g **fijne kristalsuiker**
2 eetlepels **marmelade met stukjes**
2 eetlepels **gehakte sukade** (naar keuze)
250 g **zelfrijzend bakmeel**
2 theelepels **koekkruiden**
1 theelepel **gemberpoeder**
½ theelepel **natriumbicarbonaat**
1,5 dl **melk**
2 **eieren**, geklopt

Voor het glazuurlaagje
2 **sinaasappels**, dungesneden
50 g **fijne kristalsuiker**
2 dl **water**
2 eetlepels **marmelade**

Doe de boter, golden syrup, suiker en marmelade in een pan. Verwarm tot alles gesmolten is.

Haal de pan van het vuur. Roer de sukade (indien gebruikt) en de droge ingrediënten erdoor. Voeg de melk en geklopte eieren toe. Meng alles tot een glad geheel. Giet het beslag in een diep, vierkant bakblik van 20 x 20 cm. Vet het bakblik in en bekleed de bodem met bakpapier. Bak de cake 35-40 minuten in een op 180 °C voorverwarmde oven, tot hij goed gerezen is en een satéprikker die u in het midden steekt er droog uit komt.

Doe ondertussen de plakjes sinaasappel in een pan met de suiker en het water. Doe een deksel op de pan. Laat de inhoud 25 minuten zachtjes pruttelen, tot alles zacht is. Kook de inhoud onafgedekt nog eens 5 minuten, tot het vocht is ingedikt tot ca. 2 eetlepels. Voeg de marmelade toe en verwarm deze tot hij gesmolten is.

Laat de cake 10 minuten in het bakblik afkoelen. Maak de randen los, stort de cake op een taartrooster en verwijder het bakpapier. Draai de cake met de goede kant naar boven. Schep de sinaasappels en saus over de cake. Bewaar de cake maximaal 3 dagen in een luchtdicht afgesloten bewaardoos.

Voor een magere pecan-gembercake: laat de marmelade achterwege. Voeg 3 theelepels gemberpoeder toe in plaats van een mengsel van gember en koekkruiden. Roer 40 g van de gehalveerde pecannoten erdoor. Giet het mengsel in het bakblik en bak hem op dezelfde wijze. Laat het glazuurlaagje achterwege.

schotse fruittaart

Voor **12-14 personen**
Voorbereiding **30 minuten**
Bereiding **1¾ uur-2 uur**

250 g **bloem**
1 theelepel **bakpoeder**
1 theelepel **koekkruiden**
50 g **gemalen amandelen**
geraspte schil en het sap van ½ **citroen**
175 g **boter**, op kamertemperatuur
175 g **lichtbruine basterdsuiker**
4 **eieren**, geklopt
500 g **luxe gemengd gedroogd fruit**
25 g **blanke amandelen**, gemalen

Meng de bloem, het bakpoeder, de specerijen, gemalen amandelen en citroenrasp in een kom.

Klop de boter en suiker in een andere kom tot een lichte, romige massa. Meng om en om 1 eetlepel geklopt ei en 1 eetlepel bloemmengsel door de botermassa, tot alles is toegevoegd en het beslag glad is. Roer het gedroogde fruit en citroensap erdoor.

Schep het beslag in een diepe, ronde taartvorm van Ø20 cm. Bekleed de bodem en zijkanten met bakpapier. Strijk de bovenkant glad. Leg de amandelen in cirkels op de taart. Bak hem 1¾ uur-2 uur in een op 160 °C voorverwarmde oven, tot hij mooi bruin is en een satéprikker die u in het midden steekt er droog uit komt. Controleer de taart na 1 uur. Bedek de taart losjes met aluminiumfolie als de amandelen dreigen te verbranden.

Laat de taart 15 minuten in de vorm afkoelen. Maak de randen los, stort de taart op een taartrooster en verwijder het bakpapier. Laat de taart volledig afkoelen. Bewaar hem maximaal 1 week in een luchtdicht afgesloten bewaardoos.

Voor een paastaart: doe de helft van het beslag in het bakblik en strijk glad. Rol 175 g gele marsepein uit ter grootte van de bakvorm en leg dit op het beslag. Schenk de rest van het beslag erop. Laat de amandellaag achterwege en bak als hierboven. Bestrijk de bovenkant van de taart na het bakken met abrikozenjam en leg er 175 g uitgerolde marsepein op. Maak plooitjes aan de zijkanten en laat de marsepein iets bruin worden onder de grill.

tropische kersttulband

Voor **10 porties**
Voorbereiding **30 minuten**
Bereiding **1¼ -1½ uur**

- 300 g **boter**, op kamertemperatuur
- 200 g **fijne kristalsuiker**
- 3 grote **eieren**, geklopt
- 425 g **zelfrijzend bakmeel**, gezeefd
- 75 g **gekonfijte kersen**
- 50 g **gemengde sukade**
- 3 eetlepels **gekonfijte engelwortel**
- 3 eetlepels **walnoten**
- blik van 250 g **ananasringen in siroop**, uitgelekt en vocht bewaard
- 3 eetlepels **gedroogd, geraspt kokos**
- 75 g **sultanarozijnen**
- 2 eetlepels geroosterd **kokosschaafsel**, als garnering

Voor het glazuur
- 250 g **poedersuiker**
- 40 g **boter**, gesmolten
- 2 eetlepels **gedroogd, geraspt kokos**

Klop de boter en suiker in een kom tot een licht en romig mengsel. Meng om en om 1 eetlepel geklopt ei en 1 eetlepel meel erdoor tot alles is toegevoegd.

Hak het gedroogde fruit, de noten en ananas. Roer dit door het beslag met de 3 eetlepels kokos, de rozijnen en 3 eetlepels van de bewaarde ananassiroop.

Schep het beslag in een ingevette, met bloem bestoven tulband van Ø23 cm of een taartvorm van Ø20 cm. Bak de tulband 1¼ uur (tulbandvorm) of 1½ uur (taartvorm) in een op 160 °C voorverwarmde oven. Laat de tulband ten minste 10 minuten in de vorm afkoelen. Maak de randen los. Stort hem op een taartrooster en laat hem volledig afkoelen.

Bereid het glazuur. Zeef de poedersuiker boven de gesmolten boter. Roer 1 eetlepel van het bewaarde ananasvocht en de 2 eetlepels kokos erdoor. Bestrijk de bovenkant en een stukje van de zijkant van de tulband met het glazuur. Garneer hem met wat geroosterd kokosschaafsel.

Voor een pina colada-tulband: voeg 3 eetlepels donkere rum toe aan het beslag in plaats van het ananassap. Bestrijk de gebakken tulband met een purechocoladeglazuur: smelt 2 eetlepels boter en 125 g pure chocolade zachtjes in een pan. Meng er 3 eetlepels poedersuiker en 2-3 eetlepels melk door. Garneer de tulband met extra engelwortel en gekonfijte kersen.

cranberry-kersentaart

Voor **12 personen**
Voorbereiding **30 minuten**
Bereiding **1 uur en 10 minuten-1 uur en 20 minuten**

200 g **gekonfijte kersen**
175 g **boter**, op kamertemperatuur
175 g **fijne kristalsuiker**
geraspte schil van 1 kleine **sinaasappel**
3 **eieren**, geklopt
225 g **zelfrijzend bakmeel**
50 g **gedroogde cranberry's**
een paar **brokjes kandijsuiker**, als garnering

Doe de kersen in een zeef, spoel ze af met koud water en laat ze uitlekken. Dep ze droog met keukenpapier. (Hierdoor zullen ze tijdens het bakken niet in het deeg zakken.) Halveer 50 g en bewaar deze voor de garnering. Hak de resterende kersen in grove stukken.

Klop de boter en suiker in een mengkom of in de keukenmachine tot een lichte, romige massa. Roer de sinaasappelrasp erdoor. Meng om en om 1 eetlepel geklopt ei en 1 eetlepel meel erdoor, tot alles is toegevoegd en het beslag glad is.

Meng de gehakte gekonfijte kersen en cranberry's erdoor. Schep het beslag in een diepe, ronde taartvorm van Ø18 cm. Bekleed de bodem en zijkanten met antikleefpapier. Strijk de bovenkant glad. Druk voorzichtig de achtergehouden gehalveerde kersen in het beslag. Strooi er wat brokjes suiker over.

Bak de taart ca. 1 uur en 10 minuten-1 uur en 20 minuten in een op 160 °C voorverwarmde oven, tot hij goed gerezen is, de bovenkant goudbruin is en een satéprikker die u in het midden steekt er droog uit komt.

Laat de taart 10 minuten in de vorm afkoelen. Maak de randen los, stort de taart op een taartrooster en verwijder het bakpapier. Laat de taart volledig afkoelen. Bewaar de taart maximaal 5 dagen in een luchtdicht afgesloten bewaardoos.

Voor een dadel-abrikozentaart: gebruik in plaats van kersen en cranberry's 125 g grof gehakte dadels en 125 g gehakte gedroogde abrikozen.

citroen-maanzaadcake

Voor **10 plakken**
Voorbereiding **25 minuten**
Bereiding **1 uur-1 uur en 10 minuten**

175 g **boter**, op kamertemperatuur
175 g **fijne kristalsuiker**
3 **eieren**, geklopt
250 g **zelfrijzend bakmeel**
1 theelepel **bakpoeder**
40 g **maanzaad**
geraspte schil en het sap van 2 **citroenen**

Voor de garnering
125 g **poedersuiker**
3-4 theelepels **citroensap**
gekonfijte citroenschilletjes, of sukade in dunne reepjes

Klop de boter en suiker in een mengkom tot een zacht en romig geheel. Meng om en om 1 eetlepel geklopt ei en 1 eetlepel meel erdoor, tot alles is toegevoegd en het beslag glad is. Roer het bakpoeder, maanzaad, de citroenrasp en 5-6 eetlepels citroensap erdoor, zodat het beslag iets vloeibaar wordt.

Schep het beslag in een ingevet cakeblik van 1 kg. Bekleed de bodem en zijkanten met ingevet bakpapier. Strijk de bovenkant van het beslag glad. Bak de cake 1 uur-1 uur en 10 minuten in een op 160 °C voorverwarmde oven, tot hij goed gerezen is, de bovenkant iets gescheurd en goudbruin kleurt en een satéprikker die u in het midden steekt er droog uit komt.

Laat de cake 10 minuten in de vorm afkoelen. Maak de randen los. Haal de cake uit de vorm met behulp van het bakpapier, leg hem op een taartrooster en verwijder het bakpapier. Laat de cake volledig afkoelen.

Zeef de poedersuiker boven een kom. Voeg geleidelijk voldoende citroensap toe voor een zacht glazuur. Giet het glazuur in willekeurige kronkelige lijntjes over de cake. Garneer hem met citrusschilletjes. Laat het glazuur uitharden. Bewaar de cake maximaal 1 week in een luchtdicht afgesloten bewaardoos.

Voor een sinaasappel-karwijzaadcake: volg het recept maar vervang het maanzaad en de citroen door 1½ theelepel grof gemalen karwijzaad, de geraspte schil van 1 grote sinaasappel en 5-6 eetlepels sinaasappelsap. Garneer de bovenkant van de cake met 25 g grove kandijsuiker voordat de cake in de oven gaat. Laat het citroenglazuur achterwege.

abrikozencake

Voor **10 plakken**
Voorbereiding **25 minuten**, plus weken
Bereiding **1 uur**

- 100 g **gedroogde abrikozen**, gehakt
- 100 g **sultanarozijnen**
- 100 g **rozijnen**
- 150 g **fijne kristalsuiker**
- 3 dl **warme sterke thee**
- 275 g **zelfrijzend bakmeel**
- 1 theelepel **natriumbicarbonaat**
- 1 theelepel **kaneel**
- 1 **ei**, geklopt

Doe het gedroogde fruit en de suiker in een mengkom. Voeg de warme thee toe. Meng alles goed. Laat het mengsel minimaal 4 uur of een nacht weken.

Meng het meel, natriumbicarbonaat en de kaneel. Voeg het geweekte fruit en geklopte ei toe. Meng alles goed.

Schep het beslag in een ingevet cakeblik van 1 kg. Bekleed de bodem en twee lange zijkanten met ingevet bakpapier. Strijk de bovenkant van het beslag glad. Bak de cake ca. 1 uur in het midden van een op 160 °C voorverwarmde oven, tot hij goed gerezen is, de bovenkant iets gescheurd is en een satéprikker die u in het midden steekt er droog uit komt.

Laat de cake 10 minuten in het cakeblik afkoelen. Maak de randen los, til de cake uit het blik met behulp van het keukenpapier en leg hem op een taartrooster. Verwijder het bakpapier. Laat de cake volledig afkoelen. Snijd hem in plakken en smeer er voor het serveren wat boter op. Bewaar de cake zonder boter maximaal 1 week in een luchtdicht afgesloten bewaardoos.

Voor een pruim-sinaasappelcake: gebruik 175 g ontpitte gedroogde pruimen in plaats van abrikozen en sultanarozijnen. Gebruik 125 g rozijnen. Meng ze met de fijne kristalsuiker zoals hierboven beschreven en met de geraspte schil van 1 sinaasappel. Laat ze in 1,5 dl sinaasappelsap en 1,5 dl kokend water weken in plaats van in thee. Voeg het meel, natriumbicarbonaat en geklopte ei toe als hierboven. Laat de kaneel achterwege. Schep het beslag in een cakeblik. Volg verder het recept.

gebakjes

citrusvruchtenbaklava

Voor **24 stuks**
Voorbereiding **30 minuten, plus koelen**
Bereiding **35-40 minuten**

400 g **filodeeg**, ontdooid
125 g **boter**, gesmolten

Voor de vulling
100 g **walnootstukjes**
100 g **gepelde pistachenoten**
100 g **blanke amandelen**
75 g **fijne kristalsuiker**
½ theelepel **kaneel**

Voor de siroop
1 **citroen**
1 kleine **sinaasappel**
250 g **fijne kristalsuiker**
snufje **kaneel**
1,5 dl **water**

Voor de garnering
enkele gehakte **pistachenootjes**

Rooster de noten al omscheppend 3-4 minuten in een droge koekenpan met antiaanbaklaag tot ze lichtbruin zijn. Laat ze iets afkoelen. Hak ze in grove stukken. Meng ze met de suiker en specerijen.

Rol het filodeeg uit. Snijd het in rechthoeken ter grootte van de bodem van een bakblik van 18 x 28 cm. Rol de helft van het filodeeg in huishoudfolie om uitdroging te voorkomen. Bestrijk elk uitgerold plakje filodeeg met wat gesmolten boter. Leg ze daarna in het bakblik, schep het notenmengsel erop en dek af met het volgende vel filodeeg. Beboter deze ook en ga zo verder.

Snijd de baklava in 6 vierkantjes. Snijd elk vierkant in 4 driehoeken. Bak de baklava 30-35 minuten in een op 180 °C voorverwarmde oven. Dek het deeg na 20 minuten af met aluminiumfolie, zodat het niet verbrandt.

Bereid ondertussen de siroop. Schil de citrusvruchten met een dunschiller. Snijd de schil in reepjes, pers het sap uit en doe de reepjes en het sap in een pan met de suiker, kaneel en het water. Verwarm het mengsel zachtjes tot de suiker is opgelost. Laat het mengsel nog 5 minuten koken.

Giet de warme siroop over het deeg zodra het uit de oven komt. Laat afkoelen. Zet de baklava vervolgens 3 uur in de koelkast. Haal hem daarna uit de vorm en leg de stukjes op een bord. Bestrooi ze met gehakte pistachenoot. Bewaar de baklava maximaal 2 dagen in de koelkast.

Voor rozenwaterbaklava: laat de sinaasappelrasp en het -sap weg uit de siroop. Vervang dit door 4 eetlepels extra water en 1 eetlepel rozenwater, of naar smaak. Giet dit mengsel als hierboven beschreven over de baklava.

franse appelflan

Voor **4 stuks**
Voorbereiding **20 minuten, plus koelen**
Bereiding **25-30 minuten**

375 g **bladerdeeg**
2 **knapperige groene appels** (bijv. Granny Smith), geschild, ontdaan van klokhuis en gesneden
1 eetlepel **fijne kristalsuiker**
25 g **boter**, koud
crème fraîche, voor erbij

Voor het abrikozenglazuur
250 g **abrikozenjam**
2 theelepels **citroensap**
2 theelepels **water**

Snijd het bladerdeeg in vier vierkante stukken. Rol het deeg op een met bloem bestoven werkvlak uit tot plakken van ca. 2 mm dik. Gebruik een bord van Ø13 cm als vorm. Snijd vier cirkels uit. Maak bij voorkeur een paar kleine sneetjes met een mes in plaats van het mes rond het bord te trekken, want hierdoor kan het deeg scheuren. Leg de cirkels op een bakplaat.

Leg een iets kleiner bord op elke deegcirkel. Breng sneden aan langs de rand voor een rand van 1 cm. Prik het midden van het deeg in met een vork. Laat het deeg 30 minuten afkoelen.

Leg de plakjes appel in een cirkel op het bladerdeeg. Bestrooi ze met suiker. Rasp de boter erover. Bak de taartjes 25-30 minuten in een op 220 °C voorverwarmde oven, tot het deeg en de appels goudbruin zijn.

Bereid ondertussen het abrikozenglazuur. Doe de jam in een kleine pan met het citroensap en water. Verwarm de inhoud zachtjes tot de jam smelt. Zet het vuur hoger. Laat de inhoud 1 minuut koken. Haal de pan van het vuur en druk het mengsel door een fijne zeef. Houd het glazuur warm. Bestrijk de appeltaartjes met het glazuur wanneer ze nog warm zijn. Serveer met ijs.

Voor perziktaartjes: vervang de appels door 2 perziken, gehalveerd, geschild en dungesneden. Leg ze op de bladerdeegrondjes. Volg verder het recept. Bak de taartjes 12-15 minuten.

chocoladesoezen met crèmelikeur

Voor **18 stuks**
Voorbereiding **40 minuten, plus afkoelen**
Bereiding **15 minuten**

1,5 dl **water**
50 g **boter**
65 g **bloem**, gezeefd
2 **eieren**, geklopt
½ theelepel **vanille-essence**

Voor de vulling
2,5 dl **slagroom**
2 eetlepels **poedersuiker**
4 eetlepels **whisky en koffie-crèmelikeur** (bijv. Baileys)

Voor het glazuurlaagje
25 g **boter**
100 g **pure chocolade**, in stukjes
1 eetlepel **poedersuiker**
2-3 theelepels **melk**

Verwarm het water en de boter voorzichtig in een pan tot de boter gesmolten is. Breng het geheel aan de kook. Voeg de bloem toe. Klop goed tot het mengsel een soepele bal vormt waarbij de zijkanten van de pan bijna schoon blijven. Laat 10 minuten afkoelen.

Meng geleidelijk de eieren en vanille erdoor tot er een dik, glad geheel ontstaat. Schep het soezendeeg in een grote nylon spuitzak met een ronde spuitvorm. Spuit streepjes beslag van 7,5 cm op een grote, licht ingevette bakplaat.

Bak de soezen 15 minuten in een op 200 °C voorverwarmde oven, tot ze goed gerezen zijn. Maak een inkeping in de soezen zodat de stoom kan ontsnappen. Zet de soezen nog 5 minuten in de uitgeschakelde oven. Laat ze afkoelen.

Klop de room licht stijf. Klop geleidelijk de poedersuiker en likeur erdoor. Snijd elke soes in de lengte doormidden en schep of spuit het roommengsel in de soezen.

Bereid het chocoladelaagje. Verwarm de boter, chocolade en poedersuiker voorzichtig tot alles net gesmolten is. Roer de melk erdoor. Schep het mengsel over de soezen. Serveer de soezen dezelfde dag nog.

Voor chocoladesoesjes: spuit kleine balletjes van het soezendeeg op een bakplaat. Bak de soezen 10-12 minuten zoals hierboven. Vul de soezen zodra ze zijn afgekoeld met de geklopte slagroom. Schenk er wat chocoladesaus over; bereid de saus door 150 g pure chocolade, 15 g boter, 25 g fijne kristalsuiker en 1,5 dl melk zachtjes te verwarmen.

frambozenkransjes

Voor **8 stuks**
Voorbereiding **30 minuten**, plus afkoelen
Bereiding **15 minuten**

1,5 dl **water**
50 g **boter**
65 g **bloem**, gezeefd
2 **eieren**, geklopt
½ theelepel **vanille-essence**
15 g **amandelschaafsel**
gezeefde **poedersuiker**, voor het bestrooien

Voor de vulling
3 dl **crème fraîche**
3 eetlepels gezeefde **poedersuiker**
250 g **verse frambozen**

Verwarm het water en de boter voorzichtig in een pan tot de boter is gesmolten. Breng het geheel aan de kook. Voeg de bloem toe. Klop alles tot een soepele bal die makkelijk van de zijkant van de pan loslaat. Laat het mengsel 10 minuten afkoelen.

Meng geleidelijk de eieren en vanille erdoor tot er een dik, glad mengsel ontstaat. Schep het soezendeeg in een grote nylon spuitzak met een normale spuitmond van 1 cm. Spuit cirkels met een diameter van 7,5 cm op een ingevette bakplaat.

Bestrooi de kransjes met het amandelschaafsel. Bak ze 15 minuten in een op 200 °C voorverwarmde oven. Maak een kleine inkeping aan de zijkant van elke krans, zodat de stoom kan ontsnappen. Zet ze daarna nog 5 minuten in de uitgeschakelde oven. Laat ze afkoelen.

Snijd elke krans doormidden. Vul ze met crème fraîche gemengd met de helft van de poedersuiker, leg er wat frambozen op en leg de kransjes op een bord. Bestrooi ze met de resterende poedersuiker. Deze kransjes smaken het best op de dag van bereiding.

Voor aardbeien-roomsoezen: bereid het soezenbeslag zoals hierboven beschreven. Spuit 8 balletjes beslag op een ingevette bakplaat. Bak ze tot ze knapperig zijn. Vul ze daarna met 150 g roomkaas die u heeft gemengd met 1,5 dl slagroom, 2 eetlepels poedersuiker en 250 g plakjes aardbei. Bestrooi de soezen met gezeefde poedersuiker.

ministrudels met banaan en perzik

Voor **8 stuks**
Voorbereiding **30 minuten**
Bereiding **15-18 minuten**

2 **bananen**, ca. 175 g met schil, gepeld en gehakt
2 eetlepels vers **citroensap**
2 kleine **rijpe perziken**, ca. 100 g elk, gehalveerd, ontpit en gesneden
100 g **blauwe bessen**
2 eetlepels **fijne kristalsuiker**
2 eetlepels **vers broodkruim**
½ theelepel **kaneel**
6 vellen **filodeeg**, ontdooid indien bevroren
50 g **boter**, gesmolten
gezeefde **poedersuiker**, voor het bestrooien

Meng de bananen door het citroensap. Doe ze in een grote schaal met de perzik en blauwe bessen. Meng de suiker, het broodkruim en de kaneel in een kleine kom. Schep het fruit er voorzichtig door.

Rol het filodeeg uit. Leg een plakje voor u neer met de lange kant naar u toe.

Snijd het deeg doormidden. Leg 2 flinke lepels van het fruitmengsel op elk half vel filodeeg. Vouw de zijkanten naar binnen. Bestrijk het deeg met wat gesmolten boter. Rol ze op als een pakketje. Doe hetzelfde met 3 andere vellen deeg en het resterende fruit, tot u 8 pakketjes heeft.

Bestrijk de strudels met nog wat gesmolten boter. Snijd de resterende deegvellen in brede repen. Wikkel ze als 'verband' om de strudels, zodat alle scheurtjes in het deeg worden afgedekt. Leg ze op een niet-ingevette bakplaat en bestrijk ze met de resterende boter.

Bak de ministrudels 15-18 minuten in een op 190 °C voorverwarmde oven, tot ze goudbruin en knapperig zijn. Laat ze afkoelen op de bakplaat. Bestrooi ze vervolgens met wat gezeefde poedersuiker. Leg ze op een bord. De ministrudels smaken het best op de dag van bereiding.

Voor traditionele appelstrudels: vervang de banaan en perzik door 500 g kookappels, ontdaan van klokhuis, geschild en gesneden gemengd met 2 eetlepels citroensap en 50 g sultanarozijnen. Meng het geheel met de kaneel, gemalen amandelen in plaats van het broodkruim, en verhoog de hoeveelheid suiker tot 50 g.

klassieke citroentaart

Voor **8 personen**
Voorbereiding **20 minuten, plus koelen**
Bereiding **40-45 minuten**

200 g **bloem**
½ theelepel **zout**
100 g **boter**, in blokjes
2 eetlepels **poedersuiker**, plus extra voor het bestrooien
2 **eidooiers**
1-2 theelepels **koud water**

Voor de vulling
3 **eieren**, plus 1 **eidooier**
4,75 dl **slagroom**
100 g **suiker**
1,5 dl **citroensap**

Doe de bloem en het zout in een mengkom. Voeg de boter toe. Werk deze met uw vingertoppen door de bloem tot het deeg op broodkruimels lijkt.

Roer de poedersuiker erdoor. Roer geleidelijk de eidooiers en het water erdoor voor een stevig deeg.

Kneed het deeg kort op een met bloem bestoven werkvlak. Bedek het deeg met huishoudfolie. Laat het 30 minuten afkoelen, rol het deeg uit en bekleed een taartvorm of tarte tatinvorm van Ø25 cm met het deeg. Prik er met een vork gaatjes in. Zet het deeg 20 minuten koel weg.

Bekleed het deeg met bakpapier en keramische bakbonen. Bak het deeg 10 minuten in een op 200 °C voorverwarmde oven. Verwijder het papier en de bonen. Bak de taart nog eens 10 minuten tot hij knapperig en goudbruin is. Haal de taart uit de oven. Verlaag de temperatuur naar 150 °C.

Klop alle ingrediënten voor de vulling. Schenk het mengsel over de taart. Bak het geheel 20-25 minuten, tot de vulling net stevig is. Laat de taart volledig afkoelen, bestrooi hem met wat gezeefde poedersuiker en serveer hem.

Voor een tarte au chocolat: maak de taartbodem als hierboven en bak deze blind. Verhit 4,5 dl slagroom met 150 g pure chocolade in een steelpan; roer tot de chocolade is gesmolten. Klop 3 eieren en 1 eidooier los met 50 g fijne kristalsuiker en ¼ theelepel kaneel. Klop geleidelijk de chocoladeroom hierdoor. Bak de taart als boven en serveer hem koud, bestoven met gezeefd cacaopoeder.

aardbei-framboostaartje

Voor **8 stuks**
Voorbereiding **40 minuten**
Bereiding **13-16 minuten**

375 g **diepvriesbladerdeeg**, ontdooid
2,5 dl **slagroom**
150 g **custard- of vanillevla**
200 g **aardbeien**, in plakjes
150 g **frambozen**
gezeefde **poedersuiker**, naar keuze

Rol het deeg op een met bloem bestoven werkvlak uit. Snijd het deeg in 2 repen van 10 x 30 cm. Leg ze op een bevochtigde bakplaat. Prik met een vork in het deeg. Bak het 10-12 minuten in een op 220 °C voorverwarmde oven, tot het deeg goed gerezen is.

Snijd elke reep overdwars doormidden. Til de repen deeg op en leg ze met de gebakken kant naar onder op een aparte bakplaat. Bak alle repen deeg nog eens 3-4 minuten, zodat het midden van het deeg ook gaar wordt. Laat afkoelen.

Klop de room en meng de vla erdoor. Schep het mengsel op 3 bladerdeegrepen. Leg de aardbeien en frambozen op de deegrepen. Leg ze op elkaar. Leg de laatste reep bladerdeeg erop (naar keuze). Bestrooi deze met poedersuiker. Leg het taartje op een groot bord. Snijd elke plak taart in 4 stukken. Het taartje smaakt het best op de dag van bereiding.

Voor koffie-roomplakken: bak het bladerdeeg als hierboven beschreven. Los 3 theelepels oploskoffie op in 2 theelepels kokend water. Roer dit door het room-vlamengsel. Gebruik het om de verschillende lagen bladerdeeg aan elkaar te plakken. Laat de aardbeien en frambozen achterwege. Voeg de vierde bladerdeeglaag toe. Besprenkel deze met het glazuurlaagje uit het recept op blz. 212. Garneer de taart met een paar chocoladekrullen.

taartjes zonder oven

overheerlijke citroencakejes

Voor 9 stuks
Voorbereiding **25 minuten, plus koelen**

8 **cakejes**, overdwars gehalveerd voor dunnere stukjes
100 g **boter**, op kamertemperatuur
100 g **fijne kristalsuiker**
geraspte schil van
    2 **citroenen**
2 **eieren**, gesplitst
1,5 dl **slagroom**
het sap van 1 **citroen**

Voor de garnering
4 eetlepels **poedersuiker**
125 g **verse frambozen**
100 g **blauwe bessen**
verse muntblaadjes

Bekleed een ondiepe, vierkante taartvorm van 20 x 20 cm met huishoudfolie. Leg de cakejes in één enkele laag op de bodem van de vorm.

Klop de boter, suiker en citroenrasp tot een lichte, romige massa. Klop geleidelijk de eidooiers erdoor.

Klop de eiwitten in een grote, schoon kom stijf. Klop de room in een andere kom (de garde hoeft tussentijds niet schoongemaakt te worden). Spatel de geklopte room en eiwitten door het botermengsel. Meng voorzichtig het sap van ½ citroen erdoor.

Sprenkel wat van het resterende citroensap over de cakejes. Schep het roommengsel erop. Strijk de bovenkant voorzichtig glad en bedek het mengsel met nog een laag cakejes. Druk de cakejes voorzichtig aan. Besprenkel ze met het resterende citroensap. Dek de cake af met een extra stuk huishoudfolie en zet hem minimaal 4 uur of een nacht in de koelkast.

Verwijder de bovenste laag van de huishoudfolie. Draai de cake om op een snijplank. Verwijder de resterende huishoudfolie, bestrooi de cake met gezeefde poedersuiker en snijd hem in 9 vierkantjes. Versier de stukjes cake met frambozen, bessen en muntblaadjes en bestrooi met poedersuiker. Leg de stukjes cake op een bord. Consumeer ze binnen 2 dagen na bereiding (bewaar ze in de koelkast).

siciliaanse kwarktaart

Voor **8 personen**
Voorbereiding **20 minuten, plus koelen**

250 g **ricotta**
50 g **poedersuiker** (zeven is niet nodig)
1,5 dl **slagroom**
100 g **pure chocolade**, fijngehakt
75 g **kant-en-klare gedroogde abrikozen**, fijngehakt
75 g **gekleurde gekonfijte kersen**, grof gehakt
2 eetlepels **gehakte sukade**
10 **cakejes**
6 eetlepels **witte rum**
cacaopoeder, voor de garnering

Meng de ricotta met de poedersuiker. Klop de room net stijf en spatel hem door de ricotta. Bewaar een paar stukjes van de gehakte chocolade, abrikozen, kersen en sukade; spatel de rest door het ricottamengsel.

Bekleed de bodem en zijkanten van een diepe, ronde taartvorm van Ø18 cm met huishoudfolie. Leg de helft van de cakejes op de bodem van de vorm. Snijd ze bij zodat ze passen en bevochtig ze met de helft van de rum.

Schep twee derde van het ricottamengsel op de cakejes. Strijk de bovenkant glad. Leg de rest van de cakejes erop. Bevochtig deze met de resterende rum. Bestrijk deze laag met het resterende ricottamengsel. Strooi de bewaarde chocolade en vruchtjes erover. Bestrooi de taart met cacaopoeder. Zet de taart 4 uur of een nacht in de koelkast.

Maak de randen los. Haal de taart uit de vorm met behulp van het huishoudfolie. Verwijder het huishoudfolie en leg de taart op een bord. Snijd de taart in kleine puntjes. Bewaar de taart maximaal 2 dagen in de koelkast.

Voor een kers-kirschtaartje: leg de in kirsch in plaats van in rum gedoopte cakejes in de met huishoudfolie beklede vorm. Giet daar een gezoet mascarponemengsel op in plaats van het ricottamengsel. Strooi er wat gexhakte chocolade over, net als in het recept, plus 425 g ontpitte zwarte kersen uit pot, uitgelekt en grof gehakt, in plaats van het gedroogde fruit.

gelaagde notenrepen

Voor **10 repen**
Voorbereiding **20 minuten, plus koelen**
Bereiding **5 minuten**

50 g **boter**
400 g **magere gezoete gecondenseerde melk**
200 g **pure chocolade**, in stukjes
125 g **theebiscuitjes**
50 g **hazelnoten**
100 g **gepelde pistachenoten**

Vet de bodem en zijkanten van een springvorm van Ø20 cm in met wat boter. Doe de rest van de boter in een pan samen met de gecondenseerde melk en chocolade. Verwarm de inhoud zachtjes gedurende 3-4 minuten. Roer tot de inhoud gesmolten is. Haal de pan van het vuur.

Doe de biscuitjes in een plastic zak en plet ze met een deegroller. Rooster de hazelnoten in een voorverwarmde hete grill tot ze licht gekleurd zijn. Hak de pistachenoten in grove stukken.

Roer de koekstukjes door het chocolademengsel. Schep de helft van het mengsel in de ingevette vorm en strijk de bovenkant glad. Bewaar 2 eetlepels van de noten voor de garnering; strooi de rest over het chocolade-koekmengsel. Bedek de noten met het overgebleven chocolademengsel. Strijk de bovenkant glad met de achterkant van een lepel. Bestrooi het mengsel met de bewaarde noten.

Zet het notenmengsel 3-4 uur koel weg, tot het stevig is. Maak de randen los. Verwijder de rand van de vorm. Snijd het mengsel in 10 dunne repen of in kleine hapklare brokjes voor petitfours. Wikkel de resterende repen in folie en bewaar ze maximaal 3 dagen in de koelkast.

Voor gember-vruchtenrepen: maak het chocolademengsel als boven en meng er digestivebiscuitjes in plaats van theebiscuitjes door. Laat de noten achterwege en neem 50 g grof gehakte gedroogde abrikozen en 2 eetlepels gehakte gekonfijte gember; bewaar 2-3 eetlepels voor de bovenkant.

diplomatico

Voor **8 plakken**
Voorbereiding **25 minuten, plus koelen**

200 g **pure chocolade**, in stukjes
3 dl **slagroom**
3 eetlepels **poedersuiker** (zeven niet nodig)
4 eetlepels **brandewijn** of **koffielikeur**
1 dl **sterke zwarte koffie**, afgekoeld
30 **lange vingers**

Voor de garnering
1,5 dl **slagroom**
cacaopoeder, gezeefd

Smelt de chocolade in een hittebestendige kom boven een pan zacht kokend water. Bekleed ondertussen de bodem en zijkanten van een cakevorm met een inhoud van 1 kg met huishoudfolie.

Klop de slagroom net stijf. Roer de poedersuiker en gesmolten chocolade erdoor. Schep wat van dit mengsel op de bodem van de beklede cakevorm en strijk uit tot een dunne laag.

Meng de brandewijn of koffielikeur met de afgekoelde koffie in een ondiepe kom. Doop de lange vingers een voor een in het mengsel om ze te bevochtigen. Leg ze in één enkele laag op de chocoladeroom in de vorm. Bedek de koekjes met de helft van het roommengsel. Leg er nog een laag bevochtigde lange vingers op. Blijf laagjes aanbrengen tot alle room en koekjes op zijn.

Zet de taart minimaal 4 uur, of een nacht, op een koele plaats. Maak de randen los. Draai de diplomatico om op een bord. Verwijder de huishoudfolie. Klop de slagroom voor de garnering stijf en bestrijk de bovenkant ermee. Bestrooi met wat cacao. Snijd de diplomatico in dikke plakken. Bewaar hem maximaal 2 dagen in de koelkast.

Voor tiramisu: meng 250 g mascarpone, 2 eetlepels poedersuiker en 1,5 dl geklopte slagroom. Maak laagjes van de room en van in koffielikeur en koffie gedoopte lange vingers. Garneer met chocoladekrullen.

chocoladelekkernijen

Voor **15 stuks**
Voorbereiding **15 minuten**,
plus koelen

150 g **pure chocolade**,
in stukjes
100 g **pindakaas met
stukjes noot**
25 g **boter**
2 eetlepels **golden syrup**
150 g **volkorenbiscuits**
50 g **amandelen of
cashewnoten**
gesuikerde amandelen,
grof gehakt, als garnering

Doe de chocolade, pindakaas, boter en golden syrup in een pan. Verwarm de inhoud zachtjes tot alles gesmolten is. Roer af en toe. Haal de pan van het vuur.

Doe de biscuits in een plastic zak. Rol er met een deegroller over. Roer de stukjes koek en noten gelijkmatig door de chocolade.

Schep het mengsel in een ondiepe, vierkante taartvorm van 20 x 20 cm, bekleed met antikleefpapier. Strijk de bovenkant glad. Zet 4 uur koel weg, tot de massa stevig is. Haal hem uit de vorm met behulp van het bakpapier en snijd hem in 15 kleine vierkantjes. Verwijder het bakpapier. Garneer de lekkernijen met de gesuikerde amandelen. Bewaar ze maximaal 3 dagen in een luchtdicht afgesloten bewaardoos.

Voor chocolade-marshmallowlekkernijen: laat de pindakaas, noten en gesuikerde amandelen achterwege. Smelt de chocolade met 75 g boter en 75 g golden syrup. Laat de massa iets afkoelen en roer er dan 65 g grof verkruimelde lange vingers, 65 g grof gehakte gekonfijte kersen en 100 g minimarshmallows door. Schep het mengsel in een met huishoudfolie beklede ronde taartvorm van Ø20 cm en bestrooi de bovenkant met 25 g minimarshmallows. Laat koelen als boven. Haal de massa uit de vorm, verwijder de folie en snijd het geheel in stukjes.

cornflakes-chocorotsjes

Voor **20 stuks**
Voorbereiding **15 minuten, plus koelen**

200 g **pure chocolade**, in stukjes
50 g **boter**
3 eetlepels **golden syrup**
125 g **cornflakes**
minimarshmallows, in stukjes, als garnering

Doe de chocolade in een pan met de boter en golden syrup. Verwarm de inhoud zachtjes. Roer af en toe, tot de chocolade en boter volledig gesmolten zijn en het mengsel glad en glanzend is.

Roer de cornflakes erdoor. Meng het geheel tot de cornflakes goed met chocolade bedekt zijn. Schep het cornflakesmengsel in 20 papieren cakevormpjes op een bakplaat. Zet ze 2-3 uur koel weg, tot ze stevig zijn. Garneer de knappertjes met de minimarshmallows.

Voor sinaasappel-chococrispies: pas het recept aan door de cornflakes te vervangen door dezelfde hoeveelheid gepofte rijst. Voeg de geraspte schil van 1 kleine sinaasappel toe.

register

aardbeien:
aardbeien-roomsoezen 214
aardbei-framboostaartje 220
biscuitrol met aardbei en amandel 150
gelaagd taartje met aardbei 48
meringuetaartje met aardbei 136
schuimrol met munt en aardbeien 162
zandgebak met vlierbloesemroom 92

abrikozen:
abrikozencake 204
biscuitrol met fruit 150
blondies met abrikoos 118
chocoladecake met kers en abrikoos 184
dadel-abrikozentaart 200
gember-vruchtenrepen 228
muffins met abrikoos 50
omgekeerde cakejes met abrikoos en cranberry 128
schuimtaart met abrikozen en amandelen 178
Siciliaanse kwarktaart 226

ahornsiroop:
ahornglazuur 160
ahorn-pecanmuffins 24
ahornsiroopkoekjes 76

amandelen:
amandelkoekjes 78
biscuitrol met aardbei en amandel 150
cakejes met hazelnoot en bessen 54
chocoladelekkernijen 232
citrusvruchtenbaklava 208
energierepen 112
kruimeltaart met pruim en amandel 146
polentacake met kers en amandel 114
rozenwaterbaklava 208
Schotse fruittaart 196
schuimtaart met abrikozen en amandelen 178

ananas:
pina colada-tulband 198
tropische gembercake 120
tropische kersttulband 198

appels:
appelmoestaart 140
cake met appel en gemengd fruit 190
cake met ciderappel en vijgen 190
cake met dadels en appel 192
dadel-appelvierkantjes 130
energierepen 112
Franse appelflan 210
kruidige appeltaart met calvadosroom 168
kruimeltaart met appel en bramen 124
kruimeltaart met appel, gedroogd fruit en noten 124
traditionele appelstrudels 216

bananen:
banaan-limoenrepen 126
banaan-rozijnpannenkoekjes 44
bananenrepen met glacé 126
banoffee-schuimgebak 52
cake met banaan, dadel en walnoot 184
ministrudels met banaan en perzik 216

bessen:
aardbei-framboostaartje 220
zomerse bessenpannenkoekjes 44

blauwe bessen:
blauwe bes-citroenmuffins 36
blauwe bes-cranberrymuffins 46
cakejes met hazelnoot en bessen 54
gelaagd taartje van citroen en blauwe bes 48
ministrudels met banaan en perzik 216
schuimrol met blauwe bessen 162

blondies:
met abrikoos 118
met cranberry 118

bramen:
kruimeltaart met appel en bramen 124

brandewijn:
chocolade-sinaasappeltaart 152
diplomatico 230

brownies:
brownies met drie soorten chocolade 116
chocoladebrownies met rum 116

cakejes:
chocoladecakejes 40, 60
mokkacakejes 60
paascakejes 18
prinsessencakejes 18
tintelende citroencakejes 56
verjaardagscakejes 56

chocolade:
biscuitrol met chocolade 156
blondies met abrikoos 118
blondies met cranberry's 118
brownies met 3 soorten chocolade 116
cake met ciderappel en vijgen 190
cakerol met chocolade 156
chocolade-brandewijntaart 142
chocoladebrownies met rum 116
chocoladecake met kers en abrikoos 184
chocoladecakejes 40, 60
chocoladeflorentines 70
chocolade-gemberkoekjes 94
chocoladeglazuur 142, 198
chocolade-Guinnesstaart 172
chocoladekussen 74
chocoladelekkernijen 232
chocolade-marshmallowlekkernijen 232
chocolademuffins 42
chocolade-peperkoekjes 94
chocolade-pistachekoekjes met ijs 86
chocolade-rumtaart 138
chocolade-sinaasappeltaart 152
chocoladesoesjes 212

chocoladesoezen met
crèmelikeur 212
chocoladetaart met
dadels 158
chocoladetaart met
fruit 122
chocoladetaart met
zoete aardappel
142
chocolade-truffeltaart
152
chocolade-vanille-
hazelnootkoekjes
90
chocolade-vanilletaart
154
chocoladeverjaardags-
taart 170
churros 30
cornflakes-chocorotsjes
234
diplomatico 230
driedubbele chocolade-
koekjes 90
familiechocoladetaart
164
gelaagde notenrepen
228
karamelkoekjes met
stukjes kers 86
kerstboomversieringen
82
koekjes met witte
chocolade en
gember 70
melkchocolade-wal-
nootmuffins 24
meringuetaartje met
chocolade en tamme
kastanjes 136
mokkacakejes 60
muffins met witte
chocolade en
cranberry 42
pistache-chocolade-
meringues 16
pretzels met drie soor-
ten chocolade 88
saffraan-chocolade-
meringues 16

schuimtaart met choco-
lade 178
Siciliaanse kwarktaart
226
sinaasappel-choco-
crispies 234
sinaasappelchurros 30
sinaasappellikeurtaart
138
tarte au chocolat 218
tropische kersttulband
198
wittechocoladeglazuur
172
zandkoek met choco-
lade en karamel
132
zandkoek met stukjes
chocolade 108
chocoladecakejes met
kokos 40
chocoladesoezen 212
citroenen:
amandelkoekjes met
citroen en
macadamianoot 102
blauwe bes-citroen-
muffins 36
cakejes met citrus-
siroop 20
citroen-maanzaadcake
202
citroen-polentataart
176
citroenzandkoekjes
108
citrusvruchtenbaklava
208
gelaagd taartje van
citroen en blauwe
bes 48
klassieke citroentaart
218
luchtige citroentaart
144
overheerlijke citroen-
cakejes 224
polentataart met
citroensiroop 176
rozenwaterbaklava 208

St.-Clementstaart 154
tintelende citroen-
cakejes 56
cranberry's:
blauwebes-cranberry-
muffins 46
blondies met cranberry
118
cranberry-kersentaart
200
kruidige peer-
cranberrymuffins 46
muffins met witte
chocolade en
cranberry 42
cranberrysaus:
omgekeerde cakejes
met abrikoos en
cranberry 128
custard:
aardbei-frambcostaartje
220
koffie-roomplakken
220

dadels:
cake met banaan, dadel
en walnoot 184
cake met dadels en
appel 192
chocoladetaart met
dadels 158
dadel-abrikozentaart
200
dadel-appelvierkantjes
130
scones met dadels en
walnoten 58

energierepen 12
engeltjestaart 148

filodeeg:
citrusvruchtenbaklava
208
ministrudels met ba-
naan en perzik 216
rozenwaterbaklava 208
traditionele appel-
strudels 216

frambozen:
aardbei-framboostaartje
met custardroom
220
cakejes met amandel
en framboos 54
frambozenkransjes 214
frambozencakejes 40
friandises met
framboos en kokos
gemengde-bessen-
muffins 36
kruimeltaart met pêche
melba 146
zomers bessenzand-
gebak 92
friandises:
friandises met abrikoos
en pistache 62
friandises met fram-
boos en kokos 62

gecondenseerde melk:
gelaagde notenrepen
228
zandkoek met choco-
lade en karamel 132
zandkoek met karamel
en pijnboompitten
132
gedroogd fruit:
cake met appel en
gemengd fruit 190
cake rijkelijk gevuld
met fruit 188
chocoladeflorentines
70
fruitbolletjes met
gember 28
fruitpannenkoekjes 26
gember-vruchtenrepen
228
peperkoek 182
Schotse fruittaart 196
whiskytaartje 188
gedroogde pruimen:
pruim-sinaasappelcake
204
pruimen-zonnebloem-
vierkantjes 130

237

gelaagde taartjes:
gelaagd taartje met aardbei 48
gelaagd taartje met citroen en blauwe bes 48
zandgebak met vlierbloesemroom 92
zomers bessenzandgebak 92
gember:
chocolade-gemberkoekjes 94
gemberknappertjes 66
gember-vruchtenrepen 228
halloweenpompoentjes 72
haverknappertjes met gember 100
Jamaicaanse gembercake 186
ontbijtkoek 186
koekjes met witte chocolade en gember 70
magere pecangembercake 194
met sneeuw bedekte gembermuffins 32
sneeuwmankoekjes 72
tropische gembercake 120
whiskytaartje 188
glazuur:
chocolade- 126, 142, 198
limoen- 120
wittechocolade- 172

halloweenpompoentjes 72
havermout:
energierepen 112
haverknappertjes met gember 100
hazelnoten:
cakejes met hazelnoot en bessen 54
chocolade-vanille-hazelnootkoekjes 90

energierepen 112
gegrilde amandelkoekjes 102
gelaagde notenrepen 228
honingkoekjes 76
polentacake met pruimen en hazelnoten 114
schuimtaart met chocolade 178
taartje met kaneel en hazelnoot 166
warme bolletjes 28

Jamaicaanse gembercake 186
jimjams 110

kaas:
kers-kirschtaartje 226
Siciliaanse kwarktaart 226
tiramisu 230
kaneel:
fruitpannenkoekjes met sinaasappel en kaneel 26
kaneel-sinaasappelmuffins 32
taartje met kaneel en hazelnoot 166
karamel:
karamelkoekjes met stukjes kers 86
zandkoek met chocolade en karamel 132
zandkoek met karamel en pijnboompitten 132
karamelsaus:
banoffee-schuimgebak 52
koffie-toffee-schuimgebak 52
kersen:
cakerol met kers en sinaasappel 174
chocoladecake met kers en abrikoos 184

cranberry-kersentaart 200
karamelkoekjes met stukjes kers 86
kers-kirschtaartje 226
pina colada-tulband 198
polentacake met kers en amandel 114
schwarzwalderkirschtorte 158
Siciliaanse kwarktaart 226
tropische kersttulband 198
knapperige koekjes 66
koekjes:
ahornsiroopkoekjes 76
chocolade-gemberkoekjes 94
chocolade-peperkoekjes 94
chocolade-vanillehazelnootkoekjes 90
driedubbele chocoladekoekjes 90
honingkoekjes 76
karamelkoekjes met stukjes kers 86
knapperige koekjes 66
kokos-pistachekoekjes 104
linzerkoekjes 80
nummerkoekjes 68
paaskoekjes 68
pindakaaskoekjes 96
rozijnenkoekjes met karwijzaad 98
sinaasappel-abrikooskoekjes 80
vanille-rietsuikerkoekjes 104
venkel-sinaasappelkoekjes 98
koffie:
diplomatico 230
koffiekussen 74
koffie-roomplakken 220

koffietaartje met pistachepraline 160
koffie-toffee-schuimgebak 52
mini-cappuccinocakejes 38
mokkacakejes 60
ouderwets koffietaartje 166
tiramisu 230
kokos:
friandises met framboos en kokos 62
kokos-pistachekoekjes 104
kruimelige koek:
amandelkoekjes 78
citroenzandkoekjes 108
klassieke zandkoekjes 84
kruimeltaart met pêche melba 146
kruimeltaart met pruim en amandel 146
oranjebloesemkoekjes 78
zandkoek met chocolade en karamel 132
zandkoek met karamel en pijnboompitten 132
zandkoek met stukjes chocolade 108
zandkoekjes met pistache 84

laagjestaart:
chocoladetaart met dadels 158
chocoladeverjaardagstaart 170
kruidige appeltaart met calvadosroom 168
schwarzwalderkirschtorte 158
Victoriataart 170
wortel-walnoottaart 168

limoenen:
　limoenglazuur 120
　luchtige limoentaart 144
linzerkoekjes 80

macadamianoten:
　amandelkoekjes met citroen en macadamianoot 102
mango:
　cakerol met passievruchten en mango 174
　omgekeerde cakejes met fruit 128
marmelade:
　haverkoekjes met marmelade 110
　kruidige marmeladecake 194
marshmallows:
　chocolade-marshmallowlekkernijen 232
　cornflakes-chocorotsjes 234
marsepein:
　cake rijkelijk gevuld met fruit 188
meringue:
　banoffee-schuimgebak 52
　koffie-toffee-schuimgebak 52
　meringuetaartje met aardbei 136
　meringuetaartje met chocolade en tamme kastanjes 136
　pistache-chocolademeringues 16
　saffraan-chocolademeringues 16
　schuimrol met blauwe bessen 162
　schuimrol met munt en aardbeien 162
　schuimtaart met abrikozen en amandelen 178

schuimtaart met chocolade 178
met sneeuw bedekte gembermuffins 32
mokkacakejes 60
muffins:
　ahorn-pecanmuffins 24
　blauwe bes-citroenmuffins 36
　blauwe bes-cranberrymuffins 46
　chocolademuffins 42
　kaneel-sinaasappelmuffins 32
　kruidige peer-cranberrymuffins 46
　melkchocoladewalnootmuffins 24
　met abrikoos 50
　met sneeuw bedekte gembermuffins 32
　met witte chocolade en cranberry 42
　perzik-sinaasappelmuffins 50

nummerkoekjes 68

omgekeerde cakejes:
　omgekeerde cakejes met abrikoos en cranberry 128
　omgekeerde cakejes met fruit 128
ontbijtkoek 186
opgerolde cakes:
　biscuitrol met aardbei en amandel 150
　biscuitrol met abrikoos en sinaasappel 150
　cakerol met chocolade en tamme kastanjes 156
　cakerol met kers en sinaasappel 174
　cakerol met passievruchten en mango 174
　schuimrol met blauwe bessen 162

schuimrol met munt en aardbeien 162
oranjebloesemkoekjes 78

paascakejes 18
paaskoekjes 68
paastaart 196
pecannoten:
　ahorn-pecanmuffins 24
　magere pecan-gembercake 194
　whiskytaartje 188
peperkoek 182
peren:
　cake met peer en rozijnen 192
　chocoladetaart met fruit 122
　kruidige peer-cranberrymuffins 46
　kruidige perentaart 140
perziken:
　kruimeltaart met pêche melba 146
　ministrudels met banaan en perzik 216
　perzik-sinaasappel muffins 50
　perziktaartjes 210
pindakaas:
　chocoladelekkernijen 232
　pindakaaskoekjes 98
pistachenoten:
　chocolade-pistachekoekjes met ijs 86
　citrusvruchtenbaklava 208
　gegrilde amandelkoekjes 102
　gelaagde notenrepen 228
　koffietaartje met pistachepraline 160
　kokos-pistachekoekjes 104
　pistache-chocolademeringues 16
　rozenwaterbaklava 208

zandkoekjes met pistache 84
polenta:
　citroen-polentataart 176
　polentacake met kers en amandel 114
　polentacake met pruimen en hazelnoten 114
praline:
　hazelnoot- 160
　pistache- 160
pruimen:
　kruimeltaart met pruim en amandel 146
　polentacake met pruimen en hazelnoten 114

regenboogkransjes 34
room:
　aardbeien-roomsoezen 214
　aardbei-framboostaartje met custardroom 220
　chocoladesoezen met crèmelikeur 212
　diplomatico 230
　koffie-roomplakken 220
　zandgebak met vlierbloesemroom 92
rozenwaterbaklava 208
rum:
　chocoladebrownies met rum 116
　chocolade-rumtaart 138
　pina colada-tulband 198
　Siciliaanse kwarktaart 226

saffraan-chocolademeringues 16
Schotse fruittaart 196
schuimrol:
　met blauwe bessen 162

met munt en aardbeien 162
schuimtaart met chocolade 178
schwarzwalderkirschtorte 158
scones:
 kaneelscones 22
scones met dadels en walnoten 58
scones met sinaasappel en rozijnen 22
volkoren stroopscones 58
Siciliaanse kwarktaart 226
sinaasappels:
 biscuitrol met fruit 150
 cakejes met citrussiroop 20
 cakerol met kers en sinaasappel 174
 chocolade-sinaasappelcake 164
 chocolade-sinaasappeltaart 152
 chocoladetaart met fruit 122
 citrusvruchtenbaklava 208
 fruitpannenkoekjes met sinaasappel en kaneel 26
 kaneel-sinaasappelmuffins 32
 perzik-sinaasappelmuffins 50
 pruim-sinaasappelcake 204
 scones met sinaasappel en rozijnen 22
 sinaasappel-abrikooskoekjes 80
 sinaasappel-chococrispies 234
 sinaasappelchurros 30
 sinaasappel-karwijzaadcake 202
 sinaasappelknappertjes 100
 sinaasappel-kruidenkoekjes 82
 St.-Clementstaart 154
 venkel-sinaasappelkoekjes 98
sneeuwmankoekjes 72
specerijen:
 kruidige marmeladecake 194
 kruidige peer-cranberrymuffins 46
 kruidige perentaart 140
 sinaasappel-kruidenkoekjes 82
St.-Clementstaart 154
strudels:
 ministrudels met banaan en perzik 216
 traditionele appel- 216
suikerglazuur:
 ahornsiroop- 160
 chocolade- 170

taart:
 klassieke citroentaart 218
 perziktaart 210
taartje:
 chocolade-hazelnoottaartje 178
 kers-kirschtaartje 226
tiramisu 230
tropische gembercake 120
tropische kersttulband 198
truffelcake, chocolade- 152

vanille:
 chocolade-vanilletaart 154
 sandwichcakejes met jam 38
 vanille-rietsuikerkoekjes 104
 Victoriataart 170
verjaardagscakejes 56
verjaardagstaart, chocolade- 170
Victoriataart 170
volkoren stroopscones

walnoten:
 cake met banaan, dadel en walnoot 184
 citrusvruchtenbaklava 208
 melkchocoladewalnootmuffins 24
 rozenwaterbaklava 208
 scones met dadels en walnoten 58
 tropische kersttulband 198
 wortel-walnoottaart 168
Weense kransjes 34
whisky:
 chocoladesoezen met crèmelikeur 212
 whiskytaartje 188
wortelen:
 wortel-rozijncake 120
 wortel-walnoottaart 168

dankbetuiging

Speciale fotografie: : © Octopus Publishing Group Ltd/William Shaw.
Overige fotografie: © Octopus Publishing Group Ltd/Stephen Conroy 19, 69, 145; /William Lingwood 25, 41, 61, 85, 93, 97, 157, 161, 165, 177, 179, 193, 211; /Emma Neish 133, 139, 171; /Lis Parsons 33, 73, 77, 81, 89, 149, 199, 219, 229; /Gareth Sambidge 103; /Ian Wallace 141, 175.